Christiane Sautter
mit Beiträgen von Markus Behrendt, Daniela Buck,
Daniela Dittmann und Beate Gruszka

Experte werden im „Team Kind“

Professionell handeln als Schulbegleitung/Teilhabeassistenz/Integrationshilfe

Verlag für systemische Konzepte

Die deutsche Nationalbibliothek verzeichnet diese Publikation
in der Deutschen Nationalbibliografie

Christiane Sautter, **Experte werden im „Team Kind“, Professionell handeln als Schulbegleitung/Teilhabeassistenz/Integrationshilfe**
2. überarbeitete Auflage 2025

Lektorat: Daniela Dittmann, Marian Sautter
Covergestaltung: Martin Burger, www.markenentwicklung.io
Grafiken: Sascha Hartweger, www.artweg.de
Satz: Sautter, Verlag für Systemische Konzepte
Druck: CPI

ISBN 978-3-943239-10-2

SAUTTER
VERLAG FÜR
SYSTEMISCHE
KONZEPTE

Inhalt

Gebrauchsanweisung und Dank 7

TEIL I – Was Sie über Ihr Aufgabenfeld und Ihre Rolle als Schulbegleiter*in/Teilhabeassisten*in (THA)/ Integrationshelfer*in wissen sollten

Von der Fürsorge zur Teilhabe 9
Die Grundlagen pädagogischen Handelns 11
Das Kind, systemisch betrachtet.. 13
Leitfaden für Schulbegleiter*innen, Daniela Buck, Daniela Dittmann, Beate Gruszka 15

Teil II – Alltagstaugliches aus der Psychologie

Kommunikation
Warum wir Kommunikation nicht vermeiden können 21
Das Rezept: Woraus Kommunikation zubereitet wird 22
Codieren und decodieren, nicht nur für Spione: das Sender-Empfänger-Modell 23
Und das ist noch nicht alles: vier Ebenen und vier Ohren 25
Unterstützte Kommunikation - UK 27
Keine Angst vor Feedback 29
Feedbackregeln für Erwachsene 31
Feedback bei Kindern 32
Wie wir lernen 34
Signallernen oder was uns der Hund des Herrn Pawlow erzählen könnte 35
Belohnung zieht immer 37
Selbstwirksames Lernen: Das, was du kannst, will ich auch können! 39
Individuelle Förderung in der Schule 40
Der Motivations-Mythos: Du sollst gerne lernen! 41
Kinder haben keine Probleme! Ein erfundenes Gespräch mit dem Kindertherapeuten Ben Furman 46
„Ich schaff's" – das Problemlöseprogramm in 15 Schritten für Kinder und Jugendliche von Ben Furman 45

Die professionelle Beziehung zum Kind
Das Kind: gleichwertig aber nicht gleichberechtigt 48
Die sichere Bindung 50
Was die professionelle Beziehung zum Kind kennzeichnet 52
Die Integration des Kindes in die Klasse 54

TEIL III – Das begleitete Kind:
Was Sie über das Kind wissen sollten
Der Verlust des Urvertrauens: die Bindungsstörung 58
Welche Formen der Bindungsstörung unterscheiden wir? 61
Das Lernverhalten bindungsgestörter Kinder 63
Dem Igel Halt geben 65
Das traumatisierte Kind 67
Triggerreaktionen: Wie sich das Trauma in Erinnerung ruft 68
Was Kindern passieren kann 70
Die Entwicklungsstörung 75
ADS/ADHS 76
Autismus-Spektrum-Störung ASS, Markus Behrendt 80
Trisomie 21 oder Down-Syndrom 93
Matching: Die Beziehung sollte passen, Daniela Buck 95
Teil IV – Nützliches zum Umgang mit Konflikten
und Aggression
Wodurch entstehen Aggressionen? 98
Wie Kinder Konflikte lösen lernen 103
Die fünf Blinden und der Elefant 105
Was ist „herausforderndes Verhalten“? 107
Ideen für den Umgang mit herausforderndem Verhalten,
Beate Gruszka 108
Kindeswohlgefährdung 111
Quellen und vertiefende Literatur 115
Stichwortverzeichnis 118

Gebrauchsanweisung und Dank

Sie interessieren sich für die Aufgabe, ein Kind dabei zu unterstützen, am Schulunterricht teilzunehmen, das ohne Hilfe dazu nicht in der Lage wäre. Möglicherweise arbeiten Sie schon in diesem Beruf. Sie sehen Ihre Aufgabe nicht als „Job", sondern erfüllen sie aus einem Gefühl der Verantwortung für die Gesellschaft und weil Sie gerne mit Kindern arbeiten. Obwohl viel von Ihnen erwartet wird, gab es bisher keinen Überblick darüber, was Sie tun und was Sie lassen sollten. Weil ich viele Jahre lang Fortbildungen für Schulbegleiter*innen gegeben und deren Koordinatorinnen geschult und supervidiert habe, gebe ich meine Erfahrungen jetzt in diesem Buch weiter.

Wie Sie im Inhaltsverzeichnis lesen, erhalten Sie eine Beschreibung Ihres Arbeitsfeldes und Wissenswertes zu den Themen Inklusion, Pädagogik und Psychologie. Die besonderen Bedürfnisse der Kinder werden beschrieben und hilfreiche Tipps zum Umgang mit ihnen vermittelt. Im letzten Teil finden Sie Hinweise zum Umgang mit Aggression und herausforderndem Verhalten.

Unterstützt wurde ich beim Schreiben dieses Buches von Daniela Buck, Daniela Dittmann und Beate Gruszka, die als Koordinatorinnen die Arbeit der Schulbegleiter*innen unterstützen. Diese Frauen sehen ihre Aufgabe nicht als „Job", sondern leisten einen wichtigen Beitrag, dass Kindern mit besonderen Bedürfnissen ihr Grundrecht auf Bildung wahrnehmen können. An dieser Stelle danke ich auch Markus Behrendt vom Autismus-Forum Rhein-Main e.V., der als Selbst-Betroffener den Beitrag über das Autismusspektrum geschrieben hat. In dieser neuen Auflage haben ich seinem Beitrag mehr Raum gegeben, weil die Zahl der Diagnosen im ASS deutlich gestiegen ist und immer mehr Menschen gute Informationen brauchen.

Ich wünsche Ihnen viel Freude mit dem Kind, das Sie begleiten, und gutes Gelingen bei Ihrer wertvollen Arbeit!

TEIL I

Was Sie über Ihr Aufgabenfeld
und Ihre Rolle
als Schulbegleiter*in/Teilhabeassistent*in (THA)/
Integrationshelfer*in
wissen sollten

Von der Fürsorge zur Teilhabe

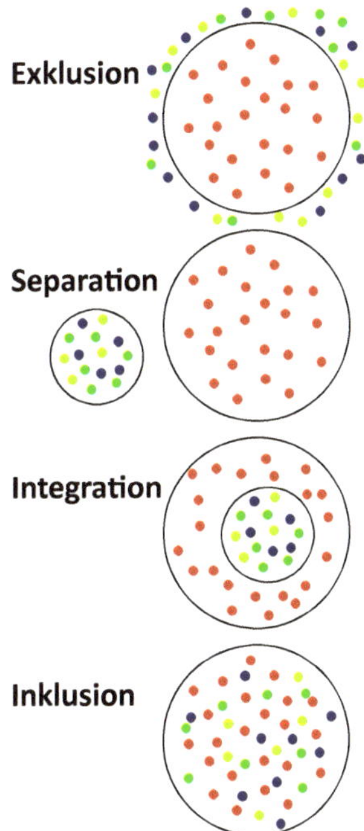

Das Recht von Menschen mit Behinderung an einer uneingeschränkten und selbstverständlichen Teilhabe an allen Aspekten der Gesellschaft wurde durch die *UN-Behindertenrechtskonvention* – kurz *UN-BRK* – beschlossen. In Deutschland wurde dieses Gesetz am 26. 3. 2009 ratifiziert (1).

Das Gesetz besagt, dass nicht mehr der Einzelne sich an die Gesellschaft anpassen, sondern diese dafür sorgen muss, dass die Teilhabe für alle möglich ist, auch für Menschen mit Behinderung. Genau dieses Vorgehen nennt man ***„Inklusion"***. Auch wenn Inklusion noch nicht in allen Bereichen problemlos funktioniert, sind wir heute – 2020 – schon wesentlich weiter als vor 11 Jahren.

Inklusion ist viel mehr als Integration. Die Unterschiedlichkeit der Menschen wird zur Normalität erklärt. Alles, was einen Menschen ausmacht – seine Stärken und Schwächen, sein familiärer Hintergrund, seine körperlichen Merkmale, seine besonderen Bedürfnisse und sein religiöser und kultureller Hintergrund – soll berücksichtigt und wertgeschätzt werden.

Kindern mit besonderen Bedürfnissen ermöglicht die Umsetzung der Inklusion den Start in ein völlig anderes Leben. Für sie bedeutet es, dass sie nicht mehr in speziellen Schulen unterrichtet werden, sondern mit Gleichaltrigen zusammen die Regelschule besuchen. Damit sie dies tun können, brauchen sie Schulbegleiter*innen/THAs, die dafür sorgen, dass die Kinder, soweit es ihnen möglich ist, am Unterricht teilnehmen. Barrieren, die das bisher verhindert haben, werden erkannt und beseitigt.

Die gesetzliche Grundlage für die Schulassistenz findet sich im Sozialgesetzbuch (SGB) VIII – Kinder- und Jugendhilfe – im §35a:
„Kinder und Jugendliche haben Anspruch auf Eingliederungshilfe, wenn

1. ihre seelische Gesundheit mit hoher Wahrscheinlichkeit länger als sechs Monate von dem für ihr Lebensalter typischen Zustand abweicht, und
2. daher ihre Teilhabe am Leben in der Gesellschaft beeinträchtigt ist oder eine solche Beeinträchtigung zu erwarten ist."

Hier sind Kinder mit ADHS/ADS, Autismus und anderen seelischen Einschränkungen gemeint. Begleitet werden diese Maßnahmen vom Jugendamt.

In SGB IX, §§ 75, 99, 112 wird die Schulassistenz für Kinder mit körperlichen und geistigen Behinderungen, beispielsweise für Trisomie 21 und für diejenigen mit Mehrfachbehinderungen geregelt.
Die kostenlose Schulassistenz wird übrigens nicht durch das Recht auf Teilhabe an der Gesellschaft, sondern durch das Grundrecht auf Teilhabe an Bildung gewährleistet. (2)

Mit dem Begriff „Eingliederungshilfe" sind Sie gemeint! Sie ermöglichen Kindern mit Besonderheiten und Beeinträchtigungen eine reguläre Teilhabe am Leben und den anderen Kindern die Möglichkeit zu lernen, dass Verschiedenheit normal ist und nicht alle Menschen dieselben Fähigkeiten haben.

Inklusion gibt unserer Gesellschaft, die die Selbstoptimierung des Einzelnen und seinen Erfolg so sehr in den Vordergrund rückt, die Möglichkeit, ihre Werte zu überdenken und sich auf Menschlichkeit und Mitgefühl zu besinnen.

Die Grundlagen pädagogischen Handelns

Die Vielfalt und Unterschiedlichkeit der Menschen sind eine Bereicherung für jede Gesellschaft. Aus diesem Grund verpflichtet sie sich, allen Menschen die Teilhabe am sozialen Leben zu ermöglichen. Um dies zu gewährleisten, ist Inklusion seit 2009 in Deutschland Gesetz.

Inklusive Pädagogik (3) hat das Ziel, das Kind mit seinen individuellen Voraussetzungen und Bedürfnissen in den Mittelpunkt zu stellen. Die Förderung seiner Persönlichkeit richtet sich nicht mehr an den für seine Altersgruppe typischen Standards, sondern orientiert sich ausschließlich an seinem Entwicklungsstand. Diese Herangehensweise ist die Voraussetzung dafür, dass alle Kinder so früh wie möglich die besten Bildungschancen erhalten. Pädagogik in diesem Sinne versteht sich als sozialer Prozess, an dem sich Kinder und Erwachsene aktiv beteiligen:

- Das Kind wird zum Partner, das bei seiner Erziehung und Bildung mit den Erwachsenen kooperiert. Es ist der aktive Gestalter seines Lernprozesses.
- Es wird nicht nur Wissen vermittelt, sondern gelernt, wie man lernt. Wer das weiß, wird ein Leben lang lernen können, und damit seine Chancen erhöhen.
- Wenn alle Kinder mit ihren unterschiedlichen Voraussetzungen von Anfang an miteinander in die Schule gehen, wird das Miteinander zur Normalität.

Ganzheitliche Bildung stellt sich folgende Fragen:

Zum Kind:	Welche Fähigkeiten und Kompetenzen hat das Kind?
Zum Umfeld:	Welche grundlegenden Fähigkeiten muss das Kind lernen, um in der Gesellschaft zurecht zu kommen?
Zur Gesellschaft:	Welche Werte sichern ein produktives Zusammenleben mit der Gemeinschaft?
Zum Wissen:	Was sollten Kinder wissen?
Zum Miteinander:	Wie können Kinder Selbstständigkeit, Selbstwirksamkeit, Verantwortlichkeit, Gestaltungsbereitschaft und Entscheidungsfähigkeit üben?

Alle Kinder sollen lernen, sich in der modernen, komplexen Gesellschaft zurecht zu finden. Sie sollen ihr Leben organisieren können und soziale Verantwortung übernehmen. Der Umgang mit schwierigen Situationen und das Erlernen passender Bewältigungsstrategien gehören ebenfalls dazu.
Für Sie als Schulbegleiter gelten daher folgende pädagogische Richtlinien:

- Sehen Sie das Kind als Partner, den Sie respektieren.
- Erkennen Sie seine Ressourcen – Fähigkeiten und Kompetenzen – und achten Sie darauf, dass das Kind möglichst viel selbst tut.
- Die Bedürfnisse des Kindes bestimmen die Lernbegleitung.
- Arbeiten Sie mit allen Beteiligten zusammen.
- Bleiben Sie Sie selbst.

Schulbegleiter tragen mit ihrer Arbeit zu einem veränderten Bewusstsein und zur Umsetzung des inklusiven Gedankens bei, indem sie den Wandel gestalten und Teilhabe ermöglichen.

Das Kind – systemisch betrachtet

Systemisch? Was bedeutet dieses Wort?

Es beschreibt die Sichtweise einer Richtung der modernen Psychotherapie: Wir Menschen sind keine isolierten Einzelwesen, sonder eingebunden in verschiedene Kontexte oder Systeme. In jedem Kontext haben wir unterschiedliche Rollen und nehmen uns auch unterschiedlich wahr: Als Mutter bin ich anders als als Führungskraft oder als Geliebte, als Mitarbeiter anders als als Ehemann oder Kumpel. Wenn wir das Verhalten eines Menschen verstehen wollen, ist es hilfreich, diese Kontexte oder Systeme zu berücksichtigen. Auch das Kind gehört zu unterschiedlichen Systemen. Es lernt schon sehr früh, sich dem jeweiligen Kontext entsprechend zu verhalten: Vielleicht ist es mit Papa anders als mit Mama oder Oma, weil es nur so das erreicht, was es haben will.

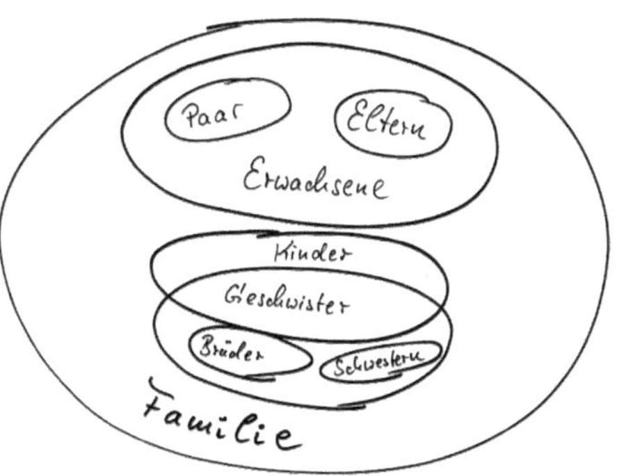

Sobald das Kind älter wird, erweitert sich der Familienrahmen durch neue Systeme: Kita, Freunde, Schule. Die Regeln, die dort gelten, können denen in der Familie widersprechen. Kinder mit besonderen Bedürfnissen werden von ihren Eltern meist anders behandelt, als das in der Schule möglich ist. Verhalten, das zu Hause akzeptiert wird, kann im Unterricht unerwünscht sein. Wenn Ihnen bewusst ist, dass das Kind die unterschiedlichen Regeln erst lernen muss, können Sie es genau dabei unterstützen.

Auch Sie bewegen sich im Schulalltag in unterschiedlichen Kontexten, in denen deren Mitglieder unterschiedliche Aufgaben erfüllen:

- Die Eltern sind zuständig für die Erziehung, Ernährung und das körperliche und emotionale Wohlergehen ihres Kindes.
- Die Mitarbeiter*innen des Jugendamts bewilligen die Stunden und stellen sicher, dass der Hilfeplan erfüllt wird.
- Die Therapeut*innen kümmern sich um die seelischen Schwierigkeiten des Kinds.
- Die Lehrkräfte haben die Aufgabe, den Unterrichtsstoff auszuwählen und zu präsentieren. Sie sind außerdem für die Disziplin in der Klasse und auf dem Pausenhof zuständig.
- Die pädagogischen Fachkräfte sind dafür zuständig, die gestellten Aufgaben den besonderen Bedürfnissen der Kinder anzupassen.

Das alles müssen Sie nicht tun. Ihre Aufgaben beschreibt das nächste Kapitel.

Leitfaden für Schulbegleiter*innen/THAs

Beate Gruszka, Daniela Buck und Daniela Dittmann

Sie haben sich entschieden, als Schulbegleiter*in/Teilhabeassistent*in/Integrationshelfer*in zu arbeiten. Trotz der unterschiedlichen Bezeichnungen für Ihre Tätigkeit tun Sie in der Regel dasselbe: Sie unterstützen ein Kind dabei, sein Grundrecht auf Bildung wahrzunehmen. Um Ihnen den Einstieg zu erleichtern, haben wir diesen Leitfaden zusammengestellt, damit Sie sich orientieren können, was von Ihnen erwartet wird und worum Sie sich nicht zu kümmern brauchen.

Abgesehen von Ihrem beruflichen Werdegang oder Ihren Erfahrungen im Umgang mit Kindern sind folgende Eigenschaften wichtig, um als Schulbegleiter*in/THA gut zu arbeiten:

- Offenheit und Freude an Kontakten mit anderen Menschen
- Gelassenheit, wenn das Kind aufgeregt, unruhig oder aggressiv ist
- Empathie/Gespür für die Bedürfnisse des Kindes

Unterstützung beim Lernverhalten

Als Schulbegleiter*in/THA unterstützen Sie das Kind dabei, die im Unterricht gestellten Aufgaben umzusetzen. Dabei ist es wichtig, dass Sie das Kind auf Augenhöhe sehen, denn seine Bedürfnisse bestimmen die Lernbegleitung. Ganz gleich, um welches Beeinträchtigungsbild es sich handelt, stehen drei Funktionen im Vordergrund:

Fokussieren	Sie unterstützen das Kind, sich auf den Unterrichtsstoff zu konzentrieren, bzw. lenken seine Aufmerksamkeit immer wieder darauf zurück.
Trainieren	Sie üben Handlungsabläufe, indem Sie diese so strukturieren, dass das Kind sie auszuführen lernt.
Motivieren	Sie unterstützen das Kind dabei, Gelerntes anzuwenden.

Soziale Kontakte

Stellen Sie das Kind mit Vor- und Nachnamen in der Klasse vor. Wenn es Sie braucht, um sozialen Kontakte zu knüpfen, dürfen Sie es gerne darin unterstützen. Dazu kann die Gestaltung der Pause gehören, wenn das Kind sonst allein bleiben würde. Auch beim Umgang mit unbekannten Situationen können Sie vermitteln. Konflikte dürfen Sie deeskalieren und dem Kind bei der Bewältigung helfen, indem Sie ihm Strategien beibringen, wie Konflikte besser zu lösen sind (s.S. 102 ff.). Wenn das Kind gemobbt wird, melden Sie das bitte Ihrem Arbeitgeber.

Medizinische Aufgaben

Pflegerische Aufgaben erledigen Sie nur, wenn Sie von den Eltern schriftlich dazu beauftragt wurden und wenn Sie dafür durch einen medizinischen oder pflegerischen Beruf qualifiziert sind (s.S. 95).

Wenn Sie ein chronisch krankes Kind begleiten, erhalten Sie in jedem Fall vorher eine Schulung, um Werte – etwa bei Diabetes – richtig einzuschätzen. Bei der Gefahr von epileptischen Anfällen ist es wichtig, dass Sie wissen, welches Notfallmedikament zu geben ist oder wann Sie den Notarzt benachrichtigen müssen.

Was nicht in Ihren Aufgabenbereich fällt

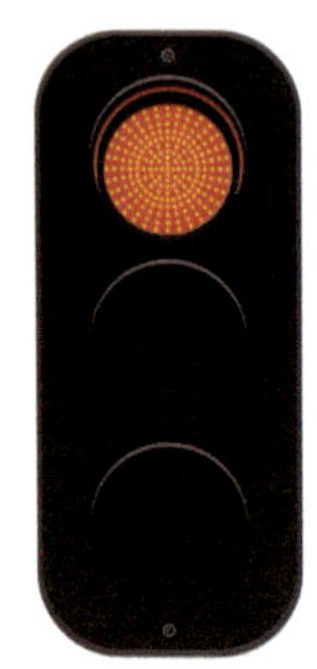

Schule und Unterricht

Sie sind keine Hilfslehrkräfte. Deshalb haben Sie nicht die Aufgabe, den Lernstoff zu ergänzen oder zu vertiefen, selbst dann nicht, wenn Sie selbst als Lehrer*in ausgebildet sind. Auch die allgemeine Unterrichtsplanung ist Aufgabe der Lehrkräfte.
Sie geben keine Unterstützung, die in die Kernkompetenz der Förderlehrkräfte fallen.
Sie sanktionieren nicht und sprechen keine Konsequenzen aus.
Sie nehmen auch keine Leistungsbewertungen vor.

Unterstützung

Sie sind nicht Therapeut*in des Kindes und sollen es auch nicht erziehen. Unterlassen Sie jede Form von körperlicher und/oder seelischer Bestrafung.
Vermeiden Sie aber genauso eine exklusive emotionale Beziehung. Auch wenn elterliche Zuwendung fehlen sollte, können Sie die Eltern nicht ersetzen.
Bringen Sie dem Kind kein Essen mit; es könnte Allergien haben, die Ihnen unbekannt sind. Wenn Sie den Eindruck haben, dass das Kind zu wenig zu essen bekommt, besprechen Sie das bitte mit Ihrem Arbeitgeber.
Den Schüler außerhalb der Schulzeiten zu betreuen, fällt nicht in Ihr Aufgabengebiet, selbst wenn das Kind erkrankt sein sollte.
Die Beförderung des Kindes mit dem eigenen PKW ist nicht erlaubt.

Die Beziehung zu Eltern und Lehrern

Die Beziehung zu Eltern und Lehrkräften ist ein wichtiger Faktor, der über das Gelingen einer Begleitung entscheiden kann. Hier ist Ihr Fingerspitzengefühl gefragt:
Geben Sie keine Bewertungen bezüglich der Qualität der Schule ab. Sprechen Sie nicht mit den Lehrer*innen über die Eltern und spielen

Sie keinesfalls Briefträger zwischen beiden. Lassen Sie sich weder von Eltern noch von Lehrern instrumentalisieren und bilden Sie keine Koalition mit Eltern oder Lehrkräften. Sie vertreten das Team „Kind". Wenn es Gesprächsbedarf gibt, wenden Sie sich an Ihren Arbeitgeber.

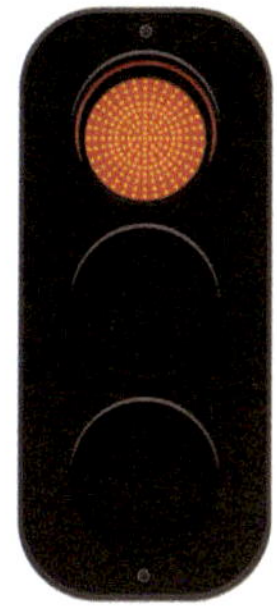

Datenschutz und Vorbildfunktion

Um Ihre eigene Privatsphäre und die des Kindes zu schützen, versenden Sie keine Bilder, Berichte, Namen der Kinder, vertraglichen Angelegenheiten und Leistungsnachweise per WhatsApp oder andere soziale Messenger. Auch Facebook-Kontakte mit dem Kind sollten Sie unterlassen.

Sie erzählen keine privaten Sorgen und vertreten in der Schule keine politischen oder religiösen Überzeugungen.

Denken Sie daran: Sie sind professionelle Unterstützer*innen und Vorbilder. Achten Sie auf Ihr Verhalten, Ihre Kleidung und Ihre Wortwahl. Natürlich rauchen Sie nicht auf und vor dem Schulgelände.

Auf die Nutzung Ihres Mobiltelefons während des Unterrichts und auf dem Schulhof müssen Sie ebenfalls verzichten.

Berührungen

Sie fassen das Kind nicht an, auch wenn es Sie dazu auffordern sollte. Das dient nicht nur dem Schutz des Kindes, sondern auch Ihrem eigenen. Es hat möglicherweise nicht nur gute Erfahrungen mit Berührungen gemacht und könnte Ihre noch so gut gemeinte Zuwendung falsch verstehen. Wenn Sie merken, dass das Kind ein großes Verlangen nach Berührung hat, besprechen Sie das unbedingt mit Ihrem Arbeitgeber.

Denken Sie daran: Sie sind Mitglied im „Team Kind"! Durch Ihre aufmerksame Wahrnehmung können Sie entscheidend dazu beitragen, unpassende Lernsituationen aufzuspüren und diese den Möglichkeiten des Kindes anzupassen.

Teil II

Alltagstaugliches aus der Psychologie

Kommunikation

Warum wir Kommunikation nicht vermeiden können

Das Wort „Kommunikation“ bedeutet: Verständigung untereinander. Um zu kommunizieren, brauchen wir deshalb in jedem Fall ein Gegenüber. Dabei ist es gleich, ob wir mit jemandem sprechen, der anwesend ist, oder ob wir telefonieren. Wenn wir schreiben, mailen oder posten, kommunizieren wir, und erwarten – in den meisten Fällen – eine Reaktion der Angeschriebenen.

Wie gehen wir damit um, wenn die Antwort ausbleibt?

Je näher uns ein Mensch steht, umso persönlicher werten wir das ausbleibende Feedback. Wir gehen davon aus, dass der andere uns durch sein Schweigen etwas sagen will: Wir werten sein Verhalten als Kommunikation.

Wenn uns jemand ignoriert oder uns aus dem Weg geht, ziehen wir unsere Schlüsse. Aber auch der Strauß Blumen oder die Lieblingsschokolade auf dem Kopfkissen vermitteln eine Botschaft.

Daraus lernen wir:

Auch Verhalten ist Kommunikation.
Deshalb ist es unmöglich, nicht zu kommunizieren! (5)

Das Rezept:
Woraus Kommunikation zubereitet wird

Beim Kochen verwenden wir Rezepte, wenn das Essen gut gelingen soll. Wir nutzen das Wissen und die Erfahrung von Menschen, die bewiesen haben, dass sie ihr Handwerk verstehen.
Damit Sie Ihre Kommunikation besser abschmecken können, lassen Sie uns untersuchen, aus welchen Zutaten diese zubereitet wird:

Rezept	**Verbal: Basiszutaten**	**Nonverbal: Gewürze**
Zutaten	Worte, gesprochen Worte, geschrieben • Briefe • Mails • SMS • WhatsApp • Facebook • Instagram	Klangfarbe der Stimme: • freundlich • ärgerlich • gelangweilt Gesichtsausdruck: • offen • verschlossen • Pokerface Ausdruck von Gefühlen: • Trauer • Freude • Ekel • Wut • Furcht Gesten, Bewegungen
Vorteil:	Die Bedeutung von Worten ist festgelegt.	Gefühle werden auf der ganzen Welt verstanden.
Nachteil:	Die Bedeutung von Worten muss gelernt werden.	Die Bedeutung der Gefühle muss in Worte übersetzt werden. Dabei können Fehler passieren.

Bestimmen die Worte oder die nonverbalen Signale, wie eine Botschaft verstanden wird?
Diese Frage können Sie sich selbst beantworten, wenn Sie sich den Cartoon genau anschauen.
Lobt die Mutter oder kritisiert sie?

Richtig, ihr Gesichtsausdruck macht deutlich, dass sie ihren Sohn tadelt. Wenn wir nur die Worte lesen würden und die Mimik der Mutter außer Acht lassen, könnten wir den Satz auch positiv verstehen. Deshalb verwenden viele beim Schreiben Emojis, um klarzustellen, wie eine Botschaft gemeint ist.

Eine Kommunikation besteht immer aus Worten (Basiszutat) – der Inhaltsebene – und der Körpersprache (Gewürzen), mit der wir unsere Gefühle zum Ausdruck bringen – der Beziehungsebene.

Codieren und decodieren, nicht nur für Spione:
Das Sender-Empfänger-Modell (6)

„Na, dann kann ja nichts mehr schiefgehen“, mögen Sie denken, doch es gibt noch viel mehr zu wissen. Wie Sie im Rezept gelesen haben, besteht der Nachteil der verbalen Kommunikation darin, dass die Bedeutung der Worte gelernt werden muss. Dass Worte unterschiedlich verwendet werden, wenn wir verschiedene Muttersprachen gelernt haben, ist leicht nachzuvollziehen. Doch auch wenn Sie glauben, dass sie dasselbe ausdrücken, kann es sein, dass Ihr Gegenüber dem Wort aufgrund seiner Herkunft eine andere Bedeutung gibt als Sie das tun.

Beispiel:
In Deutschland **fegt** man trocken mit dem Besen und **wischt** feucht mit dem Lappen.
In der Schweiz **wischt** man trocken mit dem Besen und **fegt** feucht mit dem Lappen.

Noch komplizierter verhält es sich mit der Körpersprache:
Wir interpretieren das, was wir sehen. Wenn wir aus unterschiedlichen Ländern oder Kulturen stammen, haben wir verschiedene Umgangsformen und Traditionen gelernt. Das, was in der einen Kultur als harmlos gilt, ist in einer anderen unhöflich oder sogar verboten. Durch unsere Bewertung geben wir der Botschaft einen Sinn, der jedoch nicht unbedingt mit dem übereinstimmt, was der/die andere uns sagen wollte.

So entstehen Missverständnisse, und die passieren sogar zwischen „Nordlichtern" und Süddeutschen: Norddeutsche halten Süddeutsche für arrogant und Süddeutsche sagen dasselbe über Norddeutsche ...

Wer bestimmt also letztlich den Sinn einer Botschaft?

Nicht der, welcher sie absendet, obwohl das logisch zu sein scheint, sondern derjenige, der sie hört: Sie interpretieren die Botschaft so, wie Sie diese verstanden haben.

Daran sollten Sie denken, wenn Sie sich falsch verstanden fühlen, und einfach nachfragen:
„Bei mir ist das so angekommen. Hab' ich dich richtig verstanden?"
Diese einfache Frage kann vielen Konflikten vorbeugen.

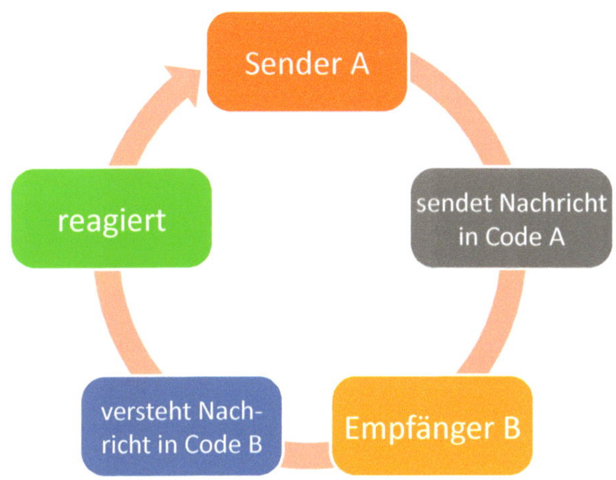

Missverständnisse geschehen, wenn wir, ohne es zu wissen, verschiedene Codes benutzen.

Und das ist noch nicht alles: Vier Ebenen und vier Ohren (7)

Langsam werden Sie zu Meisterköch*innen der Kommunikation. Ein bekannter Kommunikationskoch, der Psychologe Friedemann Schulz von Thun, untersuchte die Kommunikationssuppe noch gründlicher und erweiterte die Zutatenliste zusätzlich zur verbalen und nonverbalen Ebene um zwei Produkte.

Die Selbstoffenbarungsebene
Jedes Mal, wenn Sie etwas mitteilen, sagen Sie damit auch etwas über

sich selbst aus. Indem Sie z.B. freundlich nachfragen, teilen Sie Ihrem Gegenüber mit, dass Sie ein Mensch sind, der sich für andere interessiert und dem es wichtig ist, diese richtig zu verstehen.

Die Appellebene
Auf dieser Ebene teilen Sie mit, was Sie vom anderen möchten. Interessant wird die Appellebene dann, wenn Sie daran denken, wie oft Wünsche oder Erwartungen nicht klar benannt werden.

Wir senden also auf vier Ebenen:

Sachebene	Zahlen, Daten, Fakten
Beziehungsebene	Wie ich zu dir stehe
Selbstoffenbarungsebene	Was ich durch die Nachricht über mich selbst aussage
Appellebene	Was ich von dir will

Wie Sie schon wissen, wird jede Nachricht vom Empfänger decodiert. Schulz von Thun stellt den vier Ebenen, auf denen gesendet wird, vier Ohren gegenüber, auf denen die Nachricht den Empfänger erreichen kann:

Sachohr	Zahlen, Daten, Fakten
Beziehungsohr	Wie ich glaube, dass du zu mir stehst
Selbstoffenbarungsohr	Was ich glaube, dass du durch die Nachricht über dich aussagst
Appellohr	Was du von mir willst

Jeder hat eine Lieblingsebene, auf der er/sie sendet und ein Lieblingsohr, auf dem er/sie Botschaften interpretiert. Wenn auf derselben Ebene gesendet und gehört wird, verstehen wir uns blendend. Missverständnisse und Konflikte ereignen sich, wenn die Botschaft nicht mit dem zur Sendeebene „passenden Ohr" gehört und decodiert wird.

Der Satz „Die Ampel ist rot“, kann mit verschiedenen Ohren gehört und entsprechend beantwortet werden:

Sachohr	Der Hörer nimmt die Aussage zur Kenntnis: „Ach so. Stimmt.“
Beziehungsohr	Immer bevormundest du mich!
Selbstoffenbarungsohr	Du glaubst wirklich, dass du besser Auto fährst als ich!
Appellohr	Ich bremse ja schon!

In einer vertrauten Beziehung wissen wir in der Regel, auf welcher Lieblingsebene der Partner/die Partnerin sendet und mit welchem Ohr er/sie gerne hört.

Wie steht es mit Ihnen?
Welches ist Ihr Lieblingskanal?
Mit welchem Ohr hören Sie am liebsten?

Missverständnisse geschehen dann, wenn der Empfänger einer Botschaft mit einem anderen Ohr hört, als der Sender erwartet, und entsprechend antwortet.

Unterstützte Kommunikation – UK

Die Möglichkeit, sich mit anderen auszutauschen, gehört zu den menschlichen Grundbedürfnissen. Das gilt auch für Kinder, die nicht oder nur eingeschränkt verbal kommunizieren können. Die Isolation, die sie empfinden ist umfassend, denn sie haben natürlich ebenfalls Bedürfnisse, die sie artikulieren möchten. Um solchen Menschen ein selbstbestimmtes Leben zu ermöglichen, wird deren Kommunikationsfähigkeit durch Hilfsmittel unterstützt bzw. erweitert. Dies geschieht durch die Einbeziehung des Körpers – z.B. Gebärdensprache – durch Symboltafeln oder Karten und durch elektronische Hilfsmittel.

Welche Kinder brauchen UK (8/9)? Es gibt folgende Gründe:

Diagnose	Unterstützte Kommunikation
Sprechmotorische Einschränkungen bei gutem Sprachverständnis	Verbesserte, differenziertere Ausdrucksmöglichkeiten
Beeinträchtigte Sprachentwicklung, Verlust der Sprache durch Krankheit	Unterstützung des Spracherwerbs
Wenig verständliche Lautsprache	Unterstützung der vorhandenen Sprache
Keine oder sehr begrenzte Lautsprache	Ersatzsprache

Welches Hilfsmittel eingesetzt wird, orientiert sich nicht an den Defiziten des Kindes, sondern an seinen Fähigkeiten. Ein Kind, dass seinen Körper benutzen kann und ein gutes Sprachverständnis hat, erlernt möglicherweise die Gebärdensprache. Es kann auf Dinge zeigen, die es haben möchte, kann Gesten des Protestes und der Zustimmung aus-

führen. Ein blindes oder sehbehindertes Kind nutzt seine Finger, um zu lesen. Mit Hilfe von Symboltafeln können Kinder ihren sprachlichen Horizont erweitern und neue Begriffe lernen.
In den letzten Jahren sind viele analoge Hilfsmittel durch elektronische ersetzt worden, die auf die individuellen Besonderheiten der Nutzer abgestimmt sind. Es gibt Geräte, die die Kommunikation anbahnen, Symbole auf dem Touchscreen zur Verfügung stellen, Schrift in Sprache übersetzen oder über den bloßen Augenkontakt zu steuern sind.

Bei jeder Form der UK ist es wichtig, dass das Kind frühzeitig lernt, sich dieser Hilfsmittel zu bedienen. Dann wird das Gefühl, in sich selbst eingeschlossen und aus der Gemeinschaft ausgeschlossen zu sein, von Anfang an vermieden.

Keine Angst vor Feedback

Die meisten Menschen fürchten Feedback. Vielleicht geht es Ihnen genauso. Möglicherweise haben auch Sie schon „Schlachtfeste" erlebt, Situationen, in denen Sie von anderen Menschen abgewertet und erniedrigt wurden. Kinder können durch solche Erlebnisse sogar traumatisiert werden. Erwachsene, die als Kinder diese Form emotionaler Gewalt zum Beispiel als Mobbing erlebt haben, scheuen sowohl davor zurück, anderen Feedback zu geben, als auch selbst Feedback zu erhalten.

Jetzt kommt die gute Nachricht!

Professionelles Feedback hat nichts mit negativer Kritik oder Mobbing zu tun. Es benennt sachlich und respektvoll, was geschehen ist, erklärt die Wirkung, die das Verhalten des anderen ausgelöst hat, und formuliert Wünsche, was besser gemacht werden kann (10).
Halten Sie sich an die „3 W‘s“:

Wahrnehmung	Wirkung	Wunsch
Was ist geschehen? Ereignis sachlich schildern	Auf mich, auf andere Das löst in mir aus...	Lösungsvorschlag: • ich hätte gerne ... • Wäre es möglich, dass...

Fragen Sie sich:
Ist mein Feedback hilfreich?
Ist der Zeitpunkt angemessen?
Kann mein Gegenüber das Feedback umsetzen?

Feedback sollte:

- Verhalten beschreiben und nicht bewerten: *„Du hast deine Meinung gesagt.“*
- sachlich klar und konkret formuliert sein: *„Genau das ist passiert!“*
- einen aktuellen Bezug haben: *„Heute Morgen fiel mir auf ...“*
- respektvoll formuliert sein: *„Das hast du schon ganz gut gemacht, aber ich glaube, dass wir das nochmal üben sollten.“*

So nicht!

- „Wie kann man nur so blöd sein!“
- „Du hast wieder alles falsch gemacht!“
- „Von dir ist sowieso nichts zu erwarten.“

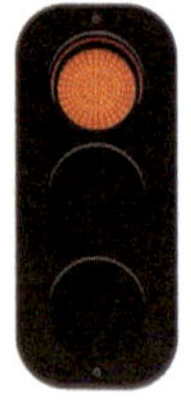

Wenn Sie selbst Feedback bekommen, entspannen Sie sich! Begrüßen Sie die Möglichkeit, etwas Neues über sich zu erfahren. Außerdem ist Feedback nicht „die Wahrheit" über Sie. Es gibt „nur" die Sichtweise Ihres Gegenübers wieder.

- Hören Sie zu.
- Fragen Sie nach, wenn Sie etwas nicht verstehen.
- Bevor Sie sich verteidigen oder das Feedback zurückweisen, denken Sie erst einmal über das Gesagte nach.
- Machen Sie einen neuen Termin aus, wenn Sie etwas entgegnen möchten.

Professionelles Feedback ist nie abwertend, sondern nur beschreibend. So kann es helfen, blinde Flecken sichtbar zu machen und neue Lösungen zu finden.

Feedback geben bei Erwachsenen

- Vereinbaren Sie einen Termin für Ihr Feedback. Vermeiden Sie „zwischen Tür-und-Angel-Gespräche".
- Nennen Sie bei der Terminabsprache das Thema, um das es gehen soll. Auch Ihr Gegenüber mag keine Überraschungen.
- Sprechen Sie – besonders im beruflichen Kontext – nicht mit anderen über dieses Thema. Klatsch und Tratsch zerstören Vertrauen und begünstigen Konflikte.
- Überlegen Sie sich vorher, wie Sie das Ereignis, über das Sie Feedback geben wollen, beschreiben möchten. Probieren Sie Formulierungen aus, welche die Sachlage klar, konkret und respektvoll wiedergeben.
- Wenn Deutsch nicht Ihre Muttersprache ist, erkundigen Sie sich vor dem Gespräch bei deutschen Kollegen, ob die Worte, die Sie verwenden wollen, passen.

- Vermeiden Sie in jedem Fall Abwertungen oder Urteile.
- Sagen Sie auch, was gut läuft!
- Machen Sie Lösungsvorschläge.

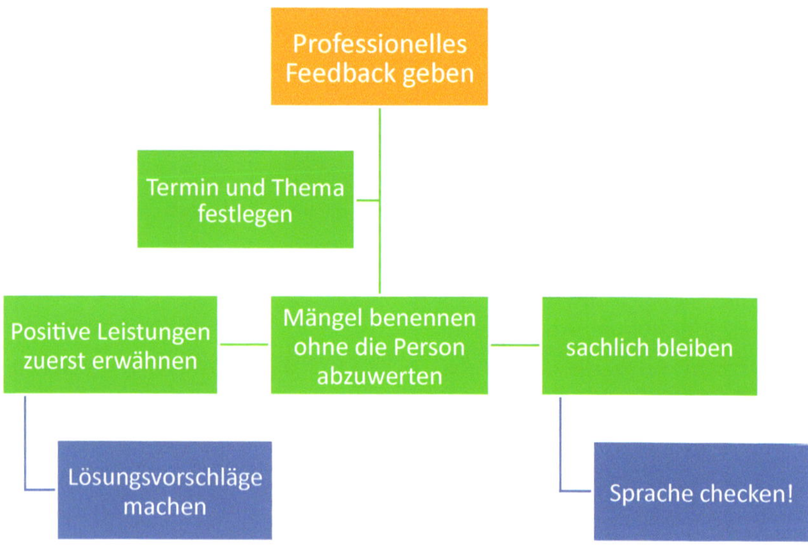

Feedback bei Kindern (11)

Im Gegensatz zu Erwachsenen sollten Kinder ihr Feedback zeitnah zum auslösenden Ereignis erhalten.
Korrigierendes Feedback muss für das Kind verständlich sein und darf sich nur auf Verhalten beziehen, das vom Kind verändert werden kann. Um Ihr Feedback angemessen bei ihm zu platzieren, gibt es verschiedene Möglichkeiten:

Daumen hoch: Mach das! Daumen runter: Lass das!
Erstellen Sie eine Symbolliste für alle Verhaltensweisen, die das Kind möglichst vermeiden sollte. Ordnen Sie dieser Liste Verhaltensweisen zu, die das Kind stattdessen zeigen kann:

Mach das!	Lass das!
Zuhören, leise sein	Reden
Sich melden	Losschreien
Mitarbeiten	Quatsch machen
Freundlich sein	Schlagen, treten, spucken
Anderen helfen	Andere ärgern

Besprechen Sie die einzelnen Punkte mit dem Kind, um sicher zu sein, dass das Kind Sie gut verstanden hat.
An Stelle des Daumens können Sie genauso gut Smileys verwenden.

Die Ampel

Ampelkarten können sowohl von den BegleiterInnen, als auch von den Kindern genutzt werden:

Rote Ampel: Es geht nicht mehr!
Gelbe Ampel: Es ist schwierig!
Grüne Ampel: Alles prima!

Auch das Kind hat die Möglichkeit, Feedback zu geben und zu signalisieren, wann es mit der Situation nicht mehr zurechtkommt.

Gefühlskarten

Emojis und Emoticons sind Kindern vertraut. Mit ihrer Hilfe können sie mitteilen, wie es ihnen geht, wenn ihnen die sprachlichen Fähigkeiten fehlen oder wenn sie sich nicht mitteilen können.
Sie können, wie auf dem Foto vorgeschlagen, eine Gefühlsuhr basteln, oder Sie malen die Emojis mit dem Kind zusammen auf Kärtchen oder kleben ausgedruckte Gesichter auf. Mit Hilfe dieser Kärtchen können auch Sie dem Kind Ihre Befindlichkeit mitteilen.

Wie wir Lernen

Unter dem Begriff „Lernen" verstehen wir nicht nur das Wissen, das in der Schule und in der Berufsausbildung erworben wird. Wir verstehen darunter nicht nur die Kenntnisse, die Sie dadurch gewinnen, dass Sie dieses Buch durcharbeiten. Lernen, so wie wir es verstehen, umfasst *alle Erfahrungen,* durch die sich *Verhalten dauerhaft verändert.* Genau das ist mit dem Sprichwort gemeint: „Das Leben ist die beste Schule."

Jeder Mensch geht in die Lebensschule. Im ersten Lebensjahr lernen wir so viel, wie später nie wieder: uns äußern, Bezugspersonen erkennen, den Körper immer besser beherrschen, Beziehungen eingehen – kurz, wir lernen, wie das Leben funktioniert (s. S. 53 ff.).

Heute wissen wir, dass wir fähig sind, das ganze Leben lang zu lernen. Das Sprichwort „Was Hänschen nicht lernt, lernt Hans nimmermehr", bezieht sich vor allem auf unsere Bequemlichkeit, das Sofa zu verlassen und neue Wege auszuprobieren.

Lernen wirkt positiv auf die geistige Gesundheit. Ernst Pöppel, Professor für medizinische Psychologie (12), nennt das Gehirn einen Muskel, den es zu trainieren gilt. Der Muskelkater tut in diesem Fall nicht weh. Es gilt nur, den inneren Schweinehund zu überwinden.

Der Begriff „Lernen" fasst alle Erfahrungen zusammen, durch die wir unser Verhalten dauerhaft verändern.

Signallernen
oder was uns der Hund des Herrn Pawlow erzählen könnte (13)

„Trau nie einem Menschen mit Glocke!“, hätte er wahrscheinlich gesagt, wenn er hätte sprechen können. Obwohl Igor Pawlow etwas Wichtiges über die Funktionsweise des Lernens herausfand, was ihm sogar den Nobelpreis einbrachte, war sein Hund von seinen Experimenten vermutlich wenig begeistert.
Was musste das Tier über sich ergehen lassen?
Pawlow hatte bemerkt, dass im Zwinger gehaltene Hunde bereits dann Speichelfluss zeigten, wenn sie die Schritte ihres Besitzers hörten, obwohl sie noch gar kein Futter bekommen hatten. Dieses Phänomen wollte er 1905 wissenschaftlich erforschen. Sein Versuch umfasste drei Phasen:

1. Der Hund bekam Futter. Dabei wurde sein Speichelfluss gemessen.
2. Der Hund bekam Futter, während eine Glocke geläutet wurde. Der Speichelfluss wurde gemessen. Dies wurde mehrere Male wiederholt.
3. Nur die Glocke – ohne Futtergabe – wurde geläutet und der Speichelfluss wurde gemessen.

Pawlow fand heraus, dass das alleinige Läuten der Glocke nach einer gewissen Zeit denselben Speichelfluss erzeugte wie die Futtergabe. Der Hund hatte gelernt, beide Ereignisse miteinander zu verknüpfen. In der Fachsprache nennt man diese Form des Lernens: Signallernen oder Konditionieren.

Beispiele für Signallernen:

- Ohne Wecker aufwachen und zu bestimmten Zeiten Hunger haben
- Geräusche überhören, die keine Bedeutung für uns haben
- Vor der roten Ampel automatisch anhalten
- Angst vor bestimmten Auslösern empfinden, z.B. Hunde, Wasser usw., weil wir damit schon mal etwas Gefährliches erlebt haben

Vorteil des Signallernens:

Wir reagieren „automatisch“, d.h. ohne nachzudenken. Routine spart Zeit.

Nachteil:

Wir stellen unsere automatischen Reaktionen nicht in Frage. Wo reagieren wir wie dressierte Hunde?

Wenn Reize oft genug wiederholt werden, verknüpfen sie sich mit den dazu passenden Reaktionen. Wir reagieren, ohne nachzudenken. Sie können das Signallernen beim Umgang mit dem Kind, das Sie betreuen, nutzen, indem Sie Routineabläufe immer gleich gestalten.

Belohnung zieht immer (13)

Ungefähr um 1950 erforschte der Psychologe Borhus Skinner ein Phänomen, das Ihnen sowieso schon klar sein dürfte: Wir lernen schneller, wenn wir dafür belohnt werden.

Wir wiederholen Verhalten, das angenehme Gefühle verursacht. Dafür gibt es sogar eine medizinische Erklärung: Unser Körper produziert Glückshormone – Endorphine – körpereigene Opioide. Kein Wunder, dass wir davon mehr wollen!

Beispiel: Kostenlose Computer- oder Handyspiele
Anfänglich gewinnen Sie: Sie werden belohnt. Mit der Zeit häufen sich die Misserfolge und gleichzeitig werden Ihnen „Joker" angeboten, die den Gewinn wahrscheinlicher machen, die Sie jedoch kaufen müssten. Halten Sie lange genug durch, ohne zu kaufen, gewinnen Sie wieder, denn der Hersteller des Spiels will Sie nicht verlieren. Sie könnten ja irgendwann doch noch etwas kaufen ...

Wie verhält es sich mit dem Bestrafen?
Können wir davon ausgehen, dass negative Konsequenzen unerwünschtes Verhalten verhindern (14)?

Nur vorübergehend. Bestrafen führt oft dazu, dass man sich überlegt, wie man die negativen Folgen vermeidet, ohne das Verhalten verändern zu müssen. Oder hat ein Knöllchen Sie dauerhaft daran gehindert, falsch zu parken oder zu schnell zu fahren? Aus demselben Grund lügen Kinder. Warum sollten sie ehrlich sein, wenn sie befürchten müssen, dafür bestraft zu werden?

Wenn Sie Ihr Verhalten verändern wollen, dann tun Sie das nur, wenn Sie einsehen, warum das notwendig ist. Und nur dann, wenn die Veränderung gleichzeitig eine Belohnung verspricht, werden Sie das tun, was erforderlich ist, um das Ziel, das Sie sich wünschen, letztlich zu erreichen.

Wir lernen schneller, wenn wir für das gewünschte Verhalten belohnt werden. Bestrafen hat dagegen nur eine vorübergehende Wirkung.

Selbstwirksames Lernen: Das, was du kannst, will ich auch können!

Oft entscheiden wir, dass wir etwas lernen möchten, ohne, dass wir dafür eine direkte Belohnung erhalten. Wir wollen es trotzdem lernen, weil uns das, was wir beim anderen sehen, attraktiv erscheint. Am meisten lernen wir im ersten Lebensjahr: sprechen, krabbeln, laufen, Dinge greifen, allein essen usw. Wir lernen es, indem wir unsere Eltern oder älteren Geschwister beobachten und kopieren, auch wenn wir Rückschläge hinnehmen müssen, zum Beispiel beim Laufen hinfallen. Wir nennen diese Form des Lernens *„Lernen am Modell“* oder auch *„selbstwirksames Lernen.“*
Das selbstwirksame Lernen beweist:

1. Menschen lernen durch Vorbilder und nicht durch Vorschriften.
2. Menschen entscheiden selbst, was sie lernen wollen!
3. Deshalb übernehmen Kinder auch Verhaltensweisen, die in ihrem familiären Umfeld verboten sind, bei Gleichaltrigen aber Anerkennung versprechen.

Die Motivation, etwas zu lernen, besteht also aus diesen beiden Aspekten:

Innere Motivation	***Äußere Motivation***
Ich will das können, weil es mir einen Vorteil bringt.	Wenn ich das kann, werde ich dafür belohnt.

Individuelle Förderung in der Schule

Dieses Thema ist im Grunde ein alter Hut: Seit den 1970er Jahren wird die Notwendigkeit anerkannt, seit 2002 ist individuelle Förderung im Schulgesetz *„Forum Bildung"* verankert (15).
Unter „individueller Förderung" versteht man die konsequente Berücksichtigung unterschiedlicher Lernvoraussetzungen, ohne diese zu bewerten. Die Möglichkeiten des Kindes sollten ausschlaggebend dafür sein, welche Aufgaben es erhält, um seine Kompetenzen zu festigen und zu erweitern. Diese Förderung entscheidet darüber, ob sich das Kind nach seinen Fähigkeiten und Interessen entwickeln kann. Studien haben gezeigt, dass Kinder mit Unterstützungsbedarf am besten von Gruppen profitieren, in denen unterschiedlich starke Kompetenzen gezeigt werden und die Kinder so voneinander lernen.
Obwohl dieses Konzept allgemein anerkannt ist und angewandt werden soll, sieht die Wirklichkeit oft anders aus: Die Lehrkräfte haben zwar gelernt, ihre Angebote dem Bedarf der Kinder anzupassen, aber wie so oft klaffen Theorie und Praxis auch hier auseinander. Sind die Lernvoraussetzungen zu unterschiedlich, benötigen Lehrkräfte die Unterstützung weiterer pädagogischer Fachkräfte, wie zum Beispiel Förderlehrer*innen, damit die individuelle Förderung einzelner Kinder gelingen kann.

Unter „individueller Förderung" versteht man die konsequente Berücksichtigung unterschiedlicher Lernvoraussetzungen.

Der Motivations-Mythos: Du musst gerne lernen! (16)

Kann man befehlen, etwas gerne zu tun?
Nein, kann man nicht! Ein Befehl widerspricht der Freude, die entsteht, wenn man etwas gerne tut. Es ist also gar nicht möglich, diese Aufforderung zu erfüllen.
Lassen Sie uns genauer untersuchen, was geschieht, wenn diese Aufforderung trotzdem ausgesprochen und ihre Erfüllung erwartet wird.

Wie Sie im Kapitel „Selbstwirksames Lernen: Das, was du kannst, will ich auch können!" erfahren haben, lernen Menschen am besten, wenn die innere und die äußere Motivation zusammenwirken. Wenn die äußere Motivation – die Anerkennung – fehlt, gelingt es nur wenigen Menschen – z.B. Künstlern – ihr Ziel trotzdem zu verfolgen. Fehlt die innere Motivation, ist Zwang notwendig, und wie wir wissen, tun Menschen alles, um diesen Druck so schnell wie möglich wieder loszuwerden. Und dass das so ist, ist ebenfalls ein alter Hut!
Bereits im 16. Jahrhundert sagte der französische Schriftsteller François Rabelais:

„Ein Kind ist kein Gefäß, das gefüllt, sondern ein Feuer, das entzündet werden will."

Damit wollte er sagen, dass es nichts nützt, Kinder ohne ihr eigenes Wollen mit Wissen vollzustopfen, also nur die Mittel der äußeren Motivation anzuwenden. Kinder sollten stattdessen neugierig auf den Lernstoff gemacht werden, um diesen dann aus eigenem Antrieb – also innerer Motivation – zu lernen. Leider wird häufig genau das Gegenteil praktiziert:

- Durch Druck, Kontrolle und Noten werden Schüler zum Lernen gezwungen.
- Schlechte Noten erzeugen Angst vor Versagen.
- Diese Angst soll Schüler dazu bringen, sich noch mehr anzustrengen.
- Durch diese Anstrengungen sollen sie bessere Leistungen bringen.

Diese Methode wurde wissenschaftlich untersucht: Sie bringt keine guten Ergebnisse, weil sie die innere Motivation des Kindes nicht nur ignoriert, sondern stört, und damit seinen Lernerfolg verhindert. Im Kind entsteht Frustration und schließlich Aggression.

Die innere Motivation wird gestärkt durch:	Die innere Motivation wird gehemmt durch:
• Selbstbestimmung beim Lernen • Bestätigung, Ermutigung • dem Leistungsstand des Kindes angemessene, individuelle Aufgaben • genügend Zeit	• Kontrolle durch Bestrafen und schlechte Noten • Bewertung nach Gruppenmaßstäben, die dem Kind nicht gerecht werden • Angst und Zeitdruck

Motivation entsteht im Menschen aus der Erkenntnis eines Mangels, den der Mensch selbst ausgleichen möchte. Deshalb ist es gar nicht möglich, einen anderen Menschen zu motivieren, wenn er nicht einsieht, warum er das, wozu er motiviert werden soll, brauchen kann oder wissen will.

Genau hier können Sie ansetzen: Sie können dem Kind die Lernaufgabe schmackhaft machen, indem Sie mit ihm zusammen herausfinden, warum es Sinn macht, diesen Schritt zu gehen. Finden Sie gemeinsam einen Weg, den es gerne verfolgen möchte, weil es Lust hat, seinen Horizont zu erweitern. Aber, wie macht man das? Genau über dieses Thema hat der finnische Psychotherapeut Ben Furman geforscht.
Wie würde er seine Methode erklären?

„Kinder haben keine Probleme!“ Ein erfundenes Gespräch mit dem Kindertherapeuten Ben Furman (17)

„Typisch“, könnten Sie denken, „da hat jemand wirklich keine Ahnung! Das Kind, das ich betreue, hat einen Sack voller Probleme. Sonst könnte es schließlich allein zur Schule gehen!“

„Das glaube ich Ihnen sofort“, antwortet Furman, „deshalb habe ich mein Förderprogramm ja extra am Kinderzentrum Keula entwickelt. Dort werden Kinder mit besonderen Bedürfnissen unterrichtet und ich denke, diese Kinder sind mit dem Kind vergleichbar, das Sie betreuen.“

„Aber, wie können Sie dann behaupten, dass diese Kinder keine Probleme haben?“, fragen Sie. „Sie müssten es besser wissen.“

„Natürlich können diese Kinder eine Menge nicht“, antwortet er. „Ich finde aber, dass es ganz normal ist, dass Kinder etwas nicht können. Und es ist außerdem normal, dass sie neue Fähigkeiten lernen. Das tun sie gerne, oder?“ Plötzlich erinnern Sie sich daran, wie stolz Sie selbst waren, wenn Sie als Kind etwas Neues gelernt hatten, das Sie Ihrer Familie vorführen konnten: Roller fahren, Purzelbäume schießen, mit Messer und Gabel essen ...

„Da haben Sie Recht“, geben Sie zu.

„Und deshalb“, fährt Furman fort, „richte ich meine Aufmerksamkeit vor allem darauf, welche Fähigkeit ein Kind lernen müsste, damit es ein Problem nicht mehr hat. Ich nenne das ein Problem >verfähigen<". „Komisches Wort", denken Sie. „Meinen Sie damit, dass ich mir überlegen soll, welche neue Fähigkeit das Kind lernen müsste, statt mich mit dem Problem herumzuärgern?"

„So in etwa", antwortet Furman.

„Wenn das Kind den Unterricht stört, müsste es lernen, das nicht mehr zu tun", schlagen Sie vor. Furman schüttelt den Kopf.

„Etwas zu lassen ist keine neue Fähigkeit. Denken Sie jetzt bitte nicht an blaue Elefanten."

„Blaue Elefanten?", fragen Sie überrascht, „wieso soll ich nicht an blaue Elefanten denken?"

„Haben Sie das geschafft?", hakt er nach.

„Nein!", antworten Sie genervt. „Seit Sie diese blöden Elefanten erwähnt haben, muss ich daran denken."

„Genau", bestätigt er. „Ein Verbot funktioniert nicht. Damit wir uns entscheiden können, brauchen wir Alternativen: Elefanten in pink oder türkis zum Beispiel. Die neue Fähigkeit wäre die Alternative für das Kind. Vielleicht muss es zuerst einmal lernen, still zu sitzen. Oder es muss lernen, zuzuhören. Oder erst das eine und dann das andere."

„Es braucht also mehrere Schritte", wird Ihnen klar.

„So ist es", bestätigt er, „bei Kindern mit besonderem Bedarf braucht es sicher mehrere Schritte bis zum Ziel. Aber beginnt der Weg nicht immer mit dem ersten Schritt?" Sie nicken.

„Und außerdem würden Sie viel mehr darauf achten, was das Kind lernen kann und welche Fähigkeiten es schon hat."

„Ich würde das Kind nicht mehr als Sack voller Probleme, sondern als Gefäß voller Möglichkeiten sehen", stellen Sie fest.

„Das ist der Trick", bestätigt Furman. „Das würde Ihre Wahrnehmung von dem Kind verändern."

„Und wie soll ich das genau machen?", fragen Sie, denn langsam sind Sie neugierig geworden.

„In 15 Schritten", antwortet Furman: „Genau so!"

„Ich schaff's", das Problemlöseprogramm in 15 Schritten für Kinder und Jugendliche von Ben Furman (17)

Kinder haben keine Probleme. Ihnen fehlen Fähigkeiten, die sie lernen können. Kinder haben Freude daran, Neues zu lernen. Schulbegleiter*innen/THAs tragen ihren Teil dazu bei, dass Kinder neue Fähigkeiten lernen. Wenn man etwas können will, muss man es üben. Und wenn man es gelernt hat, darf man seinen Erfolg feiern.
Das Programm verzichtet auf Schuldzuweisungen. Weder Eltern noch Kinder werden für die Entstehung und/oder Aufrechterhaltung des Problems verantwortlich gemacht. Das Programm nutzt stattdessen die positive Unterstützung von Eltern, Freunden und Helfern, vor allem aber die Kooperationsbereitschaft des Kindes.
Es gibt vier Schritte auf dem Weg vom Problem zur Lösung:

I. Das Problem verfähigen
II. Motivation aufbauen
III. Die Fähigkeit üben
IV. Den Erfolg belohnen

1.	**I. Das Problem verfähigen** Das Problem in eine Fähigkeit verwandeln	Welche neue Fähigkeit würde dem Kind helfen, eine Lösung für das Problem zu finden? Welche Teilschritte wären nötig, um an dieses Ziel zu gelangen?
2.	Sich mit dem Kind auf eine zu erlernende Fähigkeit einigen	Achten Sie darauf, dass das Kind die gewählte Fähigkeit tatsächlich erreichen kann. Gewinnen Sie seine Kooperation.
3.	**II. Motivation aufbauen** Den Nutzen der Fähigkeit finden	Warum könnte diese Fähigkeit dem Kind nützen? Welche Schwierigkeit würde es überwinden?

4.	Die Fähigkeit benennen	Wie nennt das Kind seine Fähigkeit?
5.	Ein Vorbild suchen, das diese Fähigkeit schon beherrscht	Zum Beispiel ein Pokémon, eine Figur aus einem Buch, ein Sportler, ein Schauspieler, ein Tier usw.
6.	Helfer einladen	Wer könnte das Kind unterstützen, die neue Fähigkeit zu lernen? Lassen Sie das Kind wählen.
7.	Warum glauben die Helfer, dass das Kind es schaffen wird?	Nennen Sie Gründe, von denen Sie wirklich überzeugt sind. Leiten Sie die Helfer an: Nur positive Verstärker sind hilfreich!
8.	Die Feier planen	Indem Sie das Ziel vorwegnehmen, teilen Sie dem Kind mit, dass Sie an seinen Erfolg glauben.
9.	Die Fähigkeit zeigen	Wie könnte das Kind Ihnen oder der ganzen Gruppe zeigen, wie es seine Fähigkeit ausführt? Erfinden Sie Rollenspiele.
10.	Öffentlich machen	Wem könnte das Kind erzählen, dass es eine neue Fähigkeit einübt?
11.	**III. Die Fähigkeit üben**	Erfinden Sie kleine Übungen oder Rollenspiele, durch die das Kind die neue Fähigkeit erlernen kann. Ermutigen Sie das Kind und loben Sie es, wenn es tatsächlich einen Fortschritt gemacht hat.
12.	Erinnerungshilfen erfinden	Wie möchte das Kind daran erinnert werden, wenn es die Übung vergisst?
13.	**IV. Den Erfolg belohnen**	Feiern Sie den Erfolg mit dem Kind, wenn es geschafft hat, die neue Fähigkeit etwa 6 Wochen lang zu zeigen.

14.	Die Fähigkeit anderen weitergeben	Am besten lernt man, wenn man das, was man kann, weitergibt. Welches Kind würde von dieser Fähigkeit profitieren?
15.	Eine neue Fähigkeit wählen	

Wenn ich Sie jetzt neugierig gemacht habe, lege ich Ihnen das Buch „Ich schaff's! Spielerische und praktische Lösungen mit Kindern finden – Das 15-Schritte-Programm für Eltern, Erzieher und Therapeuten", von Ben Furman ans Herz, erschienen im Carl-Auer Verlag. Das Buch ist leicht zu lesen und eine Fundgrube an guten Tipps und Beispielen, die zeigen, wie Schwierigkeiten überwunden werden können.

Von dieser Methode profitieren nicht nur Kinder. Wenn Sie die Worte etwas anpassen, erreichen Sie damit auch Jugendliche, ja sogar Erwachsene.

Die professionelle Beziehung zum Kind
Das Kind: gleichwertig aber nicht gleichberechtigt (18)

„Mühselig ist eine gute Erziehung, das gebe ich zu."
Erasmus von Rotterdam 1483 – 1536

Jeder Mensch ist wertvoll. Die Würde des Menschen ist unantastbar und vor dem Gesetz sind alle Menschen gleich. Das heißt jedoch nicht, dass alle Menschen in jedem Alter und in jeder Situation gleichberechtigt sind. Auch vor dem Gesetz nehmen Kinder eine Sonderstellung ein. Rechte sind immer mit Pflichten verbunden. Kinder haben eigene Rechte, aber auch eigene Pflichten: Sie haben zum Beispiel das Recht und die Pflicht, in die Schule zu gehen und sich zu bilden, um später als Erwachsene ihren Platz in der Gesellschaft einzunehmen.

Viele Eltern glauben, dass ihr Kind dann glücklich ist, wenn sie ihm alle Wünsche erfüllen. Viele Kinder lernen, dass sie dafür nichts tun müssen. Eltern sind oft enttäuscht, dass sich ihre Kinder weigern, freiwillig das zu geben, was sie nicht zu fordern wagen. Sie vergessen, dass Kinder üben müssen, die Grenzen anderer zu achten. Diese Kinder haben weder gelernt, sich an Regeln zu halten, noch, dass Geben und Nehmen ausgeglichen sein sollte. Aufgrund ihres Alters sind Kinder noch nicht in der Lage, die Konsequenzen ihrer Entscheidungen vorauszusehen, geschweige denn, sie zu tragen.

Deshalb sind sie nicht gleichberechtigt.

Erwachsene können beide Seiten des Kindes berücksichtigen:

- den gleichwertigen Menschen mit seinen Wünschen und Bedürfnissen und dem gleichen Recht auf Meinungsäußerung
- das Kind, das vieles noch nicht kann und noch nicht überblickt und deshalb die erzieherische Anregung und Unterstützung durch den Erwachsenen braucht.

Als gleichwertige Menschen verdienen Kinder unseren Respekt, unser Wohlwollen und unsere Geduld. In ihrer Entwicklung brauchen sie Grenzen, Strukturen und Korrekturen. Als Erwachsene sind wir in der Lage, beide Aspekte miteinander zu verbinden, um die Kinder darin zu unterstützen, ihr Potential zu entfalten.

Die sichere Bindung (19)

„Zwei Dinge sollten Kinder von ihren Eltern bekommen: Wurzeln und Flügel."

Ein schöner Satz, aber was will er uns sagen? Dass Kinder in ihrer Einzigartigkeit und Besonderheit von ihren Eltern geliebt und in ihrer Autonomie bestärkt werden – das verleiht ihnen Flügel – und trotzdem dazugehören – das sind die Wurzeln.

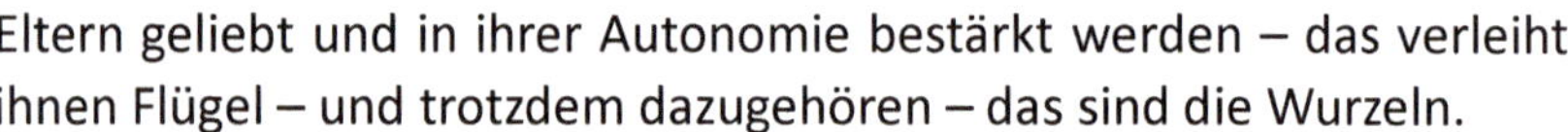

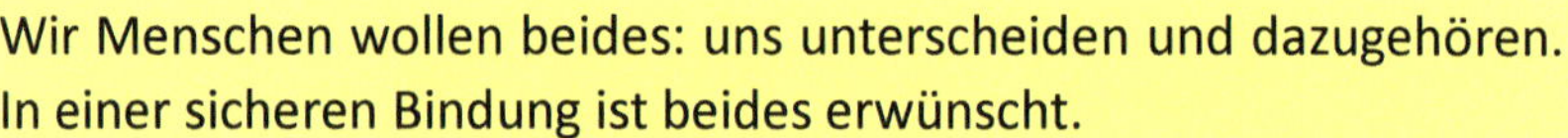

Wir Menschen wollen beides: uns unterscheiden und dazugehören. In einer sicheren Bindung ist beides erwünscht.

Jeder weiß, wie sich eine sichere Bindung anfühlt, denn wir haben sie im Mutterleib erfahren. Dort haben wir alles bekommen, was wir brauchten: Nahrung, Wärme und Geborgenheit. Wir haben gelernt: Bindung verspricht Sicherheit. Deshalb sehnen sich Menschen nach Beziehungen.

Die Qualität unserer ersten Bindung prägt unser Wissen über Beziehungen und die Art und Weise, wie wir sie leben. Haben wir Halt und Geborgenheit erlebt und gleichzeitig die Möglichkeit, unsere Besonderheiten zu entfalten? Wurden wir als die Menschen wahrgenommen, die wir sind, mit all unseren Fehlern und Einschränkungen?

Durch die Bindung zu unseren Eltern erwerben wir grundlegende soziale Fähigkeiten. Neben den sichtbaren Lernerfolgen – Laufen, Sprechen, Dinge holen usw. – vernetzen sich im Gehirn Nervenbahnen, die nur durch Bindung aktiviert werden: Wenn Eltern ihr Kind beruhigen, bilden sich im Körper des Kindes Endorphine, Glückshormone. Dadurch lernt das Kind, sich selbst zu beruhigen. Es entwickelt Urvertrauen, weil es seinen sicheren Hafen kennt.

In einer sicheren Bindung lernt das Kind auch, Konflikte konstruktiv zu bewältigen und Kompromisse auszuhandeln. Es lernt, sich auf sein Gegenüber einzustellen und dessen Absichten zu erkennen. Es kennt den Code des Gegenübers und kann ihn entschlüsseln, um angemessen darauf zu reagieren, auch wenn es dafür eigene Bedürfnisse zurückzustellen muss. Es weiß sich geliebt und geborgen.

In einer sicheren Bindung dürfen wir so sein, wie wir sind, und gehören gerade deshalb dazu. Das gibt uns das Vertrauen, die Herausforderungen des Lebens meistern zu können.

Was die professionelle Beziehung zum Kind kennzeichnet (19)

Welche Form der Bindung ist im pädagogischen Kontext angemessen? Dafür gibt es klare Richtlinien.

Die Beziehung zu dem Kind, das Sie unterstützen, sollte anders sein, als Ihre Beziehung zu Kindern aus Ihrer Familie oder aus Ihrem Freundeskreis, ganz zu schweigen von Ihren eigenen Kindern.

	Privates Umfeld	Pädagogischer Kontext
Dauer	Selbst gewählt, so lange Sie wollen. Als Eltern sind Sie allerdings ein Leben lang für Ihre Kinder zuständig.	Von der Institution für eine bestimmte Zeitdauer festgelegt.
Ihre Rolle	Sie sind Mutter, Vater, Tante, Onkel, Freundin, Freund, erziehen oder spielen und lassen Gefühle und vertraute Nähe zu.	Sie sind Schulbegleiter*in/ THA und haben eine genau definierte Aufgabe (s.S. 17 ff..).

	Privates Umfeld	Pädagogischer Kontext
Ziele	Als Eltern: Erziehen des Kindes zu einer selbstständigen Persönlichkeit. Im privaten Umfeld: Stabile Bezugsperson für ein Kind, das Sie mögen.	Ermöglichen der Teilhabe am Schulalltag für ein Kind, das ohne Ihre Hilfe nicht teilhaben könnte.
Selbstreflektion und Weiterbildung	Wünschenswert, aber nicht vorgeschrieben.	Dringend erforderlich! Um Ihre Funktion zu erfüllen, sollten Sie Ihre Beziehung zum Kind reflektieren und sich regelmäßig weiterbilden.

Vier amerikanische Psychologen haben eine Checkliste entwickelt *(Safe and secure scale)*, auf der alle Verhaltensweisen von professionellen Betreuern und Begleitern aufgelistet sind, durch die sich Kinder sicher und geborgen fühlen (20):

Zuwendung:
Liebevolle, emotional warme Kommunikation mit dem Kind. Sie hören ihm zu und nehmen es wahr.
Sicherheit:
Ihre Anwesenheit hilft dem Kind, sich auf die Umwelt einzulassen. Es wagt sich an Aufgaben heran, die es allein überfordern würden.
Stressreduktion:
Sie geben Trost und Unterstützung und helfen, negative Gefühle zu regulieren und Ängste zu reduzieren.
Explorationsunterstützung:
Sie ermutigen das Kind, Neues kennenzulernen.
Assistenz:
Sie helfen ihm, schwierige Aufgaben zu lösen.

Die Integration des Kindes in den Klassenverband

Auch wenn Sie sich noch so gut um das Kind kümmern, kann es sein, dass es von Mitschüler*innen und/oder Lehrkräften nicht akzeptiert wird. Das kann ernste Folgen haben. Ich betreue in meiner Praxis einige Menschen, die gemobbt wurden und heute noch an den Folgen leiden. Informieren Sie unbedingt Ihren Arbeitgeber, wenn Sie das beobachten!

Mobbing passiert nicht nur Mädchen oder Kindern mit besonderen Bedürfnissen. Jedes Kind, das aus irgendwelchen Gründen – seiner Hautfarbe, seiner Religion, seiner Nationalität – anders ist als die meisten anderen, kann davon betroffen sein. Bei den begleiteten Kindern steht ihr Anderssein jedoch oft im Vordergrund.

Es fällt bekanntermaßen auch Erwachsenen nicht immer leicht, Unterschiedlichkeit positiv zu bewerten. Kinder sind in dieser Hinsicht gnadenlos ehrlich. Wenn sie jemanden komisch oder blöd finden, bringen sie das zum Ausdruck. Andererseits ist es Kindern besonders wichtig, dazuzugehören. Wenn sie ausgeschlossen werden, suchen sie die Schuld bei sich und schämen sich.

Um das Kind zu integrieren, ist es nötig, die Klasse über seine besonderen Bedürfnisse zu informieren, damit die Mitschüler*innen das Anderssein verstehen und akzeptieren lernen. Doch damit wird gleichzeitig all das ausgeplaudert, was die Besonderheit betont! Sophia, die aufgrund einer schweren Traumatisierung und Schulangst viele Monate in der Psychiatrie verbringen musste, erzählt:

„Ich erinnere mich noch lebhaft, wie eine meiner Lehrerinnen mir in der Pause vor einer Gruppe von Mitschülern das aus ihrer Sicht wahrscheinlich gut gemeinte Angebot machte, immer zu ihr kommen und über meine Probleme reden zu können. Den Umstand, dass mir dieses Angebot vor Gleichaltrigen gemacht wurde, empfand ich als äußerst unangenehm. Dadurch wurden meine Andersartigkeit und Hilfsbedürftigkeit vor allen anderen quasi bestätigt. Das hat mir nicht geholfen."

Andererseits ist es auch nicht gut, wenn überhaupt nicht über die besonderen Bedürfnisse und Verhaltensweisen des Kindes gesprochen wird.
„Ich hatte nach längerer Abwesenheit wegen eines Aufenthalts in der Psychiatrie ein Gespräch mit meinem Direktor zu der Frage, wie er meine Auszeit von der Schule meinen Mitschülern gegenüber kommunizieren sollte. Tatsächlich haben wir dabei wohl aneinander vorbeigeredet, denn Wochen nach meiner Rückkehr erfuhr ich von einem Mitschüler, dass der Direktor die Anweisung erteilt habe, mir ja keine Fragen zu stellen. Eigentlich wollte ich genau das Gegenteil. Denn auch wenn es nicht gut ist, die Aufmerksamkeit auf eine Andersartigkeit zu konzent-

rieren, hilft es doch, offen darüber zu kommunizieren, wenn man selbst in diesen Austausch einbezogen wird. Ich wollte nicht, dass über mich geredet wird. Ich wollte, dass man mit mir redet!"

In dieser Zwickmühle stecken viele Kinder. Am besten wäre es, wenn in der ersten Klasse alle Kinder das „Ich schaff's" Programm machen würden, weil damit allen klar würde, dass jeder etwas zu lernen hat. Sobald sich Kinder klar äußern können, sollten sie unbedingt gefragt werden, ob und wie sie integriert werden wollen.

Denn damit Integration gelingen kann, muss sie vom Kind gewollt sein. Das ist jedoch nicht immer der Fall (s.S. 91). Sophia erinnert sich an ihr eigenes Verhalten:
„Auch ich habe nach meiner Rückkehr in die Klasse nicht wirklich den Versuch unternommen, mich meinen Mitschülern zu öffnen und mich mit ihnen auszusprechen. Ich war mir sicher, ich könne ihre Meinung über mich sowieso nicht ändern, und es war mir lieber, so zu tun, als wäre es mir egal, bevor irgendjemand gewusst hätte, wie unangenehm es für mich war und wie sehr es mich verletzte, wie eine Aussätzige behandelt zu werden." Alle noch so gut gemeinten Versuche des Umfelds liefen bei ihr ins Leere.

Sophia hat eine Erklärung dafür, warum sich Kinder aggressiv und gemein zu ihren Mitschülern verhalten, obwohl sie zu einem anderen Verhalten fähig wären.
„Sie grenzen sich durch Aggressivität ab, weil sie zu oft erfahren haben, dass sie nicht gemocht werden. Ihnen fällt es leichter, wegen ihres Verhaltens als wegen ihrer Persönlichkeit ausgegrenzt zu werden." Dieses Verständnis kann helfen, anders mit diesem Verhalten umzugehen.

Auch wenn Sie die Situation des Kindes vielleicht nicht direkt ändern können, tragen Sie durch einen natürlichen akzeptierenden Umgang mit ihm dazu bei, dass es wagt, sich in die größere Gemeinschaft zu integrieren. Und wenn es das nicht will, respektieren Sie seinen Wunsch.

TEIL III
DAS BEGLEITETE KIND
Was Sie über das Kind wissen sollten

Der Verlust des Urvertrauens: die Bindungsstörung (19)

Viele Kinder, die zur Schule begleitet werden müssen, haben die Diagnose „Bindungsstörung". Deshalb befassen wir uns in diesem Kapitel damit, wodurch das Urvertrauen verloren gehen kann. Meist ist „im Bauch" noch alles in Ordnung... Meist, denn auch während der Schwangerschaft kann einiges schieflaufen, was sich auf das Ungeborene auswirkt. Einige Bindungsstörungen haben ihren Ursprung deshalb bereits vor der Geburt. Diese Kinder bringen eine gewisse Verletzlichkeit mit. Aus diesem Grund nennen wir diese Form der Verletzlichkeit ***primär:***

Schädigung des Ungeborenen durch Sucht oder körperliche Krankheit der Mutter
Autismus, Downsyndrom und ADS/ADHS
Geistige und/oder körperliche Behinderung
Chronische Krankheiten
Besondere Sensibilität

*Die „**sekundäre Verletzlichkeit**"* wird nach der Geburt durch die Beziehung zur Umwelt und zu den Bezugspersonen erworben. Sie wird durch ein negatives Pflegeverhalten der Bezugsperson verursacht. Dieses negative Verhalten kann verschiedene Ursachen haben:

Die Bezugsperson/Mutter ist körperlich oder seelisch krank.

Eine körperliche oder seelische Erkrankung kann die Möglichkeiten der Mutter, sich feinfühlig auf die Bedürfnisse des Kindes einzustellen, erheblich einschränken.

Die „postpartale“ – nach der Geburt – plötzlich auftretende Depression wird von vielen Frauen aus Scham verheimlicht. Sie fühlen sich schuldig, weil sie sich nicht über ihr Kind freuen können. Das Baby spürt die emotionale Abwesenheit der Mutter und fühlt sich nicht geliebt.

Die Mutter leidet selbst an einer Bindungsstörung.
Durch die Geburt ihres Kindes wird sie an ihren eigenen Mangel erinnert und kann deshalb keine Nähe zum Kind empfinden. Sie hat keine Freude daran, sich mit ihm zu beschäftigen. Vielleicht tut sie nur so, als würde sie ihr Kind lieben. Das Baby empfindet einen Mangel.

Die Umweltbedingungen sind ungünstig.
Arbeitslosigkeit, Armut, Krieg, Gewalt, Flucht, die Wohnsituation und die Trennung vom Partner sind nur einige Gründe, die sich ungünstig auf eine stabile Beziehung zwischen der Bezugsperson und dem Kind auswirken.

Flügel sind unerwünscht
- Entmutigen
- „Selbst Schuld!“
- Scheitern lassen

Wurzeln fehlen
- Abwesend sein
- Das Kind stört
- Gleichgültig sein

Der Teufelskreis
Leicht entsteht ein Teufelskreis durch die Anforderungen, die das Kind stellt, und die Möglichkeiten der Eltern, seinen Bedürfnissen zu entsprechen. Wenn sich die Eltern keine Hilfe holen oder wenn die angebotene Hilfe nicht ausreicht, wird das Kind schlimmstenfalls für seine Bedürfnisse bestraft. Je jünger das Kind ist, umso weniger kann es verstehen, warum es auf die liebende Nähe verzichten muss. Das Kind denkt: *Ich bin nicht liebenswert und werde deshalb nicht beachtet.*
Wenn mehrere Risiken – primäre und sekundäre Faktoren – zusammentreffen, führen sie zu schweren chronischen Überforderungssitua-

tionen sowohl der Betreuungspersonen, als auch der Kinder. Die Kinder erleben Unsicherheit und Angst als Grundbestandteile von Beziehung. Sie lernen keine Stressregulation und können sich selbst schwer beruhigen. All diese Schwierigkeiten bringen die Kinder mit in die Schule.

Psychische Widerstandskraft

Glücklicherweise verfügen Kinder auch über erstaunliche Fähigkeiten, die ihnen helfen, ihre schwierigen Lebensumstände zu bewältigen. Wir nennen diese Ressourcen psychische Widerstandskraft oder „Resilienz". Auch hier unterscheiden wir zwischen den Ressourcen, die von Geburt an vorhanden sind, und denen, die das Kind sich durch seine Beziehung zur Umwelt erwirbt:

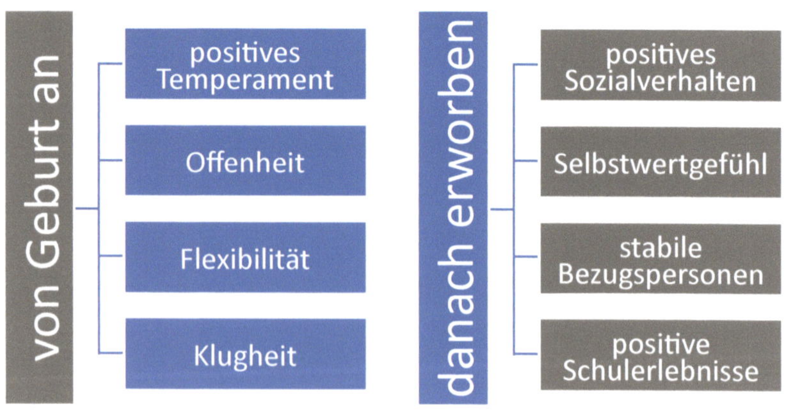

Welche Formen der Bindungsstörung gibt es?

Vor ungefähr 50 Jahren erforschten der Kinderarzt John Bowlby und die Entwicklungspsychologin Mary Ainsworth die Bindungsqualität von Kleinkindern (21). Sie fanden folgende Bindungsmuster:

- Sichere Bindung
- Unsicher vermeidende Bindung
- Unsicher ambivalente Bindung
- Desorganisierte Bindung

Sicher gebundene Kinder

Sie haben die Erfahrung gemacht, dass die Bindungsperson auf ihre Emotionen feinfühlig und unmittelbar reagiert. Sie wissen, dass die Bindungsperson Trost und Nähe spendet. Auf fremde Situationen reagieren sie gelassen, weil sie wissen, dass sie sich auf die Bindungsperson verlassen können.

Unsicher vermeidend gebundene Kinder

Die Bindungsperson ist als Trostspender nicht verfügbar. Die Kinder haben Angst vor Nähe, weil sie davon ausgehen, dass sie enttäuscht werden. Bei Belastung reagieren sie mit Stress, weil sie nicht gelernt haben, sich selbst zu beruhigen. Der Betreuungsperson gegenüber verhalten sie sich deshalb passiv bis feindselig und kompensieren ihr unterdrücktes Bedürfnis nach Trost häufig durch Aggressionen.

Unsicher ambivalent gebundene Kinder

Die Bindungsperson geht nicht auf die Bedürfnisse des Kindes ein. Sie kuschelt mit dem Kind, wenn sie das möchte, ignoriert aber beispielsweise das Kuschelbedürfnis des Kindes. Weil seine Wünsche nicht berücksichtigt werden, weiß es nie, ob es beachtet oder ignoriert wird. Es ist vollkommen abhängig vom Verhalten der Bindungsperson.

Diese Kinder neigen dazu, Beziehungen zu testen, indem sie die „besondere" Beziehung fordern. Sie sehnen sich nach Körperkontakt, sind anhänglicher als angemessen, und zeigen sich unselbständig oder abhängig, obwohl sie durchaus in der Lage wären, sich selbst zu helfen. Damit versuchen sie, den erlebten Mangel auszugleichen.

Desorganisiert gebundene Kinder – ICD 94.1/2 (22)

Diese Bindungsstörung wird im Internationalen Diagnoseschlüssel ICD 10 aufgeführt. Sie tritt auf, wenn Kinder grob unangemessen behandelt und traumatisiert werden. Sie erleiden körperliche, emotionale und/oder sexuelle Gewalt oder sind Zeuge von Gewalt in der Familie. Ihre Bedürfnisse und ihre Persönlichkeiten werden missachtet und vernachlässigt. Sie haben keine festen Bezugspersonen, weil sie häufig in Heimen oder bei wechselnden Pflegefamilien aufwachsen.

Desorganisiert gebundene Kinder verhalten sich auffällig und oft destruktiv, weshalb sie häufig mit dem Trauma, das sie überschattet, verwechselt werden. Sie befinden sich in ständiger Alarmbereitschaft, haben kein Vertrauen zu Erwachsenen, fühlen sich ungeliebt und wertlos und neigen zu aggressiven Ausbrüchen. Stress können sie nicht aushalten. Sie flüchten oder kämpfen, wobei sie auch vor körperlicher Gewalt nicht zurückschrecken.

Das Lernverhalten bindungsgestörter Kinder (19)

In der Schule muss das Kind folgende Herausforderungen bewältigen:

- Es befindet sich in einer Umgebung mit vielen anderen Menschen, die die verschiedensten Signale senden.
- Es soll unterscheiden, welche Signale es beantworten und welche es ignorieren muss.
- Es soll die Lernaufgabe bewältigen.
- Es soll eine Beziehung zum Lehrer eingehen.

Das scheinen „ganz normale Anforderungen" zu sein. Doch Kinder mit Bindungsstörungen, aber auch Autisten und Kinder mit ADHS/ADS haben damit so ihre Schwierigkeiten.

Kinder mit unsicher vermeidender Bindungsstörung
Diese Kinder haben kein Vertrauen in andere Menschen. Deshalb behalten sie ihre Emotionen für sich. Sie können verschlossen wirken und verbergen ihre Unsicherheit möglicherweise hinter „negativen Verhaltensweisen" wie Aggression oder Rebellion. Hilfe erwarten und erbit ten sie eher nicht.

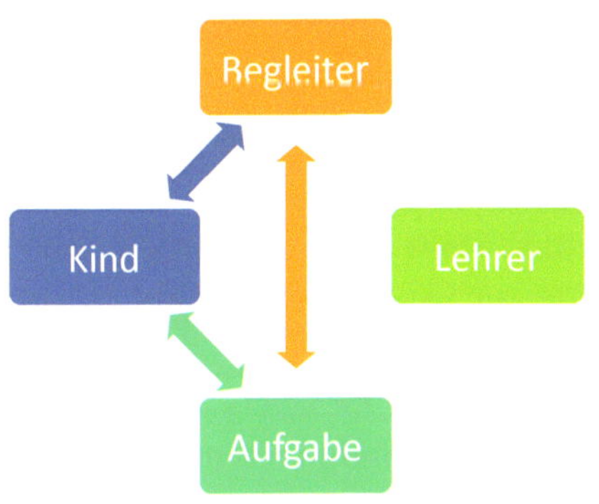

Ein solches Kind kann sich zu Anfang weder auf die Lehrkräfte, noch auf Sie einlassen. Am besten kann sich das Kind auf die Aufgabe konzentrieren. Wenn Sie es dabei unterstützen, macht das Kind die Erfahrung, dass seine Wünsche und Bedürfnisse respektiert werden.

Kindern mit unsicher ambivalenter Bindungsstörung

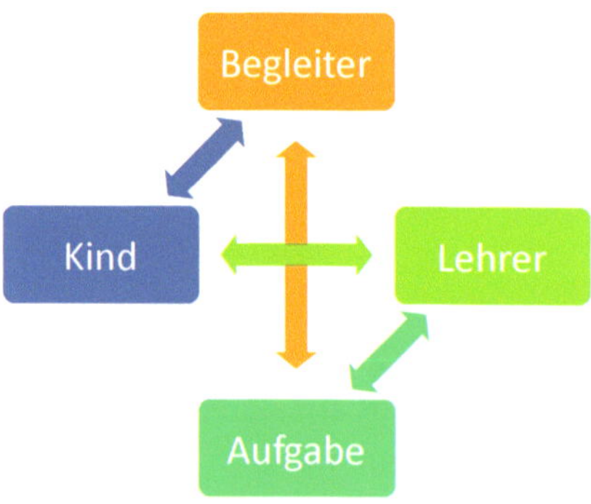

Weil diese Kinder nie wissen, ob sie unterstützt oder ignoriert werden, haben sie sich angewöhnt, die Personen in ihrer Umgebung zu checken. Sie sehnen sich nach einer stabilen Beziehung. Deshalb ist der Kontakt zu den Lehrkräften oder zu Ihnen wichtiger als der Unterricht. Über Ihre gute Beziehung zum Kindkönnen Sie dazu beitragen, seine Aufmerksamkeit immer wieder auf die Aufgabe zu lenken.

Kinder mit desorganisierter Bindungsstörung

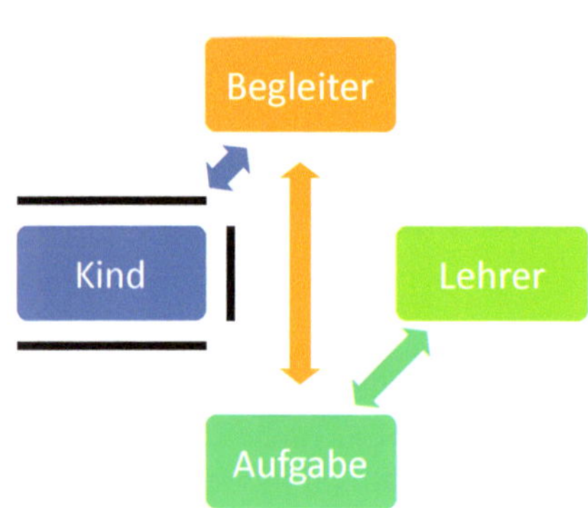

Diese Kinder haben von anderen Menschen wenig Gutes erlebt. Sie sind weder in der Lage, sich auf andere einzulassen, noch können sie sich auf die Aufgabe konzentrieren. Sie haben große Schwierigkeiten, die Autorität der Lehrkräfte anzuerkennen, haben sie doch immer wieder erlebt, dass sie verloren sind, wenn sie sich selbst helfen. In der Schule sind solche Kinder total überfordert. Es gibt eine Vielzahl von Triggern (s. S. 71), welche unkontrollierte Gefühlsausbrüche hervorrufen. Es kann durchaus sein, dass sich das Kind gegen vermeintliche Angriffe auch körperlich zur Wehr setzt. Schulbegleiter*innen/THAs sind hier vor allem dafür zuständig, sichere Strukturen zu schaffen, um dem Kind die Angst vor Übergriffen zu nehmen. Für emotional aufgeladene Situationen finden Sie auf Seite 107 viele hilfreiche Tipps.

Dem Igel Halt geben

Kinder wiederholen die Bindung, die sie gelernt haben, mit allen Bindungspersonen, also auch mit Ihnen! Die Gefahr besteht darin, dass Sie das Verhalten des Kindes persönlich nehmen.

Ein unsicher vermeidend gebundenes Kind wird Ihre Näheangebote eventuell über lange Zeit zurückweisen. Sollten Sie selbst unsicher ambivalent gebunden sein, könnten Sie das Verhalten des Kindes als Zurückweisung und Kränkung deuten und entsprechend reagieren. Nutzen Sie stattdessen die gemeinsame Beschäftigung mit der Aufgabe als Brücke, um langsam einen persönlichen Kontakt zum Kind aufzubauen.

Ein unsicher ambivalent gebundenes Kind kann Ihnen andererseits das Gefühl geben, die einzig wahre Bezugsperson zu sein. Es kann Ihnen Geschenke und Komplimente machen, zeigt vor den Ferien deutliche Trennungsangst, und wenn Sie selbst in der Kindheit zu kurz gekommen sind, könnten Sie der Versuchung erliegen, die Nähewünsche auf Ihre Person zu beziehen und sich geschmeichelt zu fühlen. Auch wenn Sie das Kind wirklich mögen, schaden Sie ihm, wenn Sie sich auf eine exklusive Beziehung einlassen. Stärken Sie stattdessen das Kind, indem Sie

- sich klar gegenüber unangemessenen Bindungswünschen abgrenzen
- seine Eigenständigkeit und Selbstwirksamkeit stärken
- durch feste Rituale – z. B. Begrüßungs- und Abschiedszeremonien – und rechtzeitige Ankündigung von Veränderungen sein Sicherheitsbedürfnis befriedigen.

Ein desorganisiert gebundenes Kind ist traumatisiert und hat die vier „Monster der Entwürdigung“ (23) kennengelernt:

1. *„Gewalt und Erniedrigung,*
2. *Beschämen und Bloßstellen,*
3. *Ins Leere laufen lassen und*
4. *in einer Atmosphäre der Angst, Schuld und Bitterkeit leben müssen.“*

Die Betreuung dieser Kinder ist herausfordernd. Sie werden durch viele Situationen in der Schule getriggert (s.S. 71) und reagieren entweder heftig emotional oder frieren ein. Sie haben dann keine Kontrolle über ihre Gefühle.

Traumatisierte Kinder brauchen Therapie. Dafür sind Sie nicht zuständig! Sie können die Kinder auch nicht retten. Seien Sie ihnen verlässliche Begleiter*innen und nehmen Sie die heftigen Reaktionen nicht persönlich.
Und: Passen Sie gut auf sich auf!

Das traumatisierte Kind: Symptome und Verhaltensmuster (24, 25)

Viele Kinder leiden unter Traumafolgen oder befinden sich aktuell in Lebenssituationen, in denen sie traumatisiert werden.

Trauma ist ein Zustand, in welchem die Fähigkeiten eines Menschen, sich und seine Umwelt zu organisieren und zu kontrollieren, überfordert werden.

Kinder haben demzufolge ein größeres Risiko, traumatisiert zu werden. Je jünger sie sind, umso geringer sind die Ressourcen, die sie selbst einsetzen können, um ein belastende Situation zu verändern. Ein Kind ist – abhängig vom Lebensalter – schnell überfordert.

Bei einer als traumatisch erlebten Situation schüttet der Körper explosionsartig Stresshormone aus. Er stellt alles zur Verfügung, damit wir entweder kämpfen oder flüchten können. Leider sind Kinder oft zu jung oder zu eingeschüchtert, um zu kämpfen oder zu flüchten. Wenn alles zu viel wird, schaltet ein Teil des Gehirns ab. Damit sorgt der Körper dafür, dass dieser Teil durch die Flut an Stresshormonen nicht geschädigt wird.

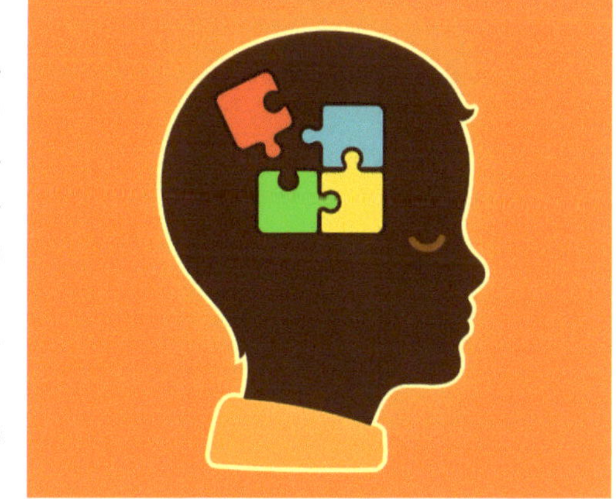

Das bewirkt jedoch gleichzeitig, dass sich das Kind nicht mehr an die Situation erinnern kann. Trotzdem ist das Erlebnis in der Seele gespeichert und wenn das Kind durch eine ähnliche Situation daran erinnert wird, macht es sich deutlich bemerkbar.

Triggerreaktionen: Wie sich das Trauma in Erinnerung bringt

Genau daran kann man die Traumatisierung erkennen, auch wenn nichts über die Geschichte des Kindes bekannt ist und das Kind sich an nichts erinnert: An seiner Reaktion auf Situationen, die seinem Trauma ähnlich sind. Die verdrängten Erinnerungen sind ja nicht weg, sondern im Unterbewusstsein gespeichert.

Wenn also etwas Ähnliches passiert wie in der traumatischen Situation, reagiert der Körper genau gleich, schüttet Stresshormone aus, wodurch das Kind entweder einen heftigen Gefühlsausbruch zeigt oder erstarrt. Das nennt man *„Triggerreaktion"*.
Wenn z.B. die Gewalt in der Familie von lautem Geschrei begleitet wird, kann das Kind durch lautes Geschrei getriggert werden. Und laut wird es in der Schule ja häufig. Ein Kind muss Gewalt nicht selbst erleben, um getriggert zu reagieren. Es reicht aus, wenn es Zeuge wird, dass ein Familienmitglied geschlagen wird.

Für Außenstehende ist die heftige emotionale Reaktion zuerst einmal unverständlich. Nur wenn man berücksichtigt, dass die aktuelle Situation an ein schreckliches Erlebnis in der Vergangenheit erinnert, kann man nachvollziehen, warum das Kind gerade außer sich ist. Im getriggerten Zustand kann das Kind natürlich nicht angemessen reagieren. Deshalb ist es nutzlos, mit einem getriggerten Kind zu diskutieren oder es auszuschimpfen.

Eine Triggerreaktion erkennt man daran, dass ein Mensch heftiger reagiert, als es der Situation angemessen ist.

Wenn man genau darauf achtet, in welchen Situationen das Kind getriggert reagiert, kann man das auslösende Ereignis erahnen. Meist passt die Triggerreaktion wie ein Schlüssel ins Schloss des ursprünglichen Erlebnisses.

Wiederholte traumatische Erlebnisse im Kindesalter können das Gehirn dauerhaft schädigen. In jedem Fall verursacht die Traumatisierung klare Symptome. Der Gehirnforscher Gerald Hüther (26) schreibt in seinem Buch „Biologie der Angst“:

„Besonders einschneidende Erlebnisse mit anderen Menschen werden ange Zeit gespeichert. ... Die Erinnerung an [die Traumatisierung] kann bei geringfügigen Anlässen zu einer immer wieder aufflammenden unkontrollierbaren Belastung werden.“

Der chronische Stress, der durch die Traumatisierung entsteht, verursacht darüber hinaus die in der Grafik dargestellten Probleme.

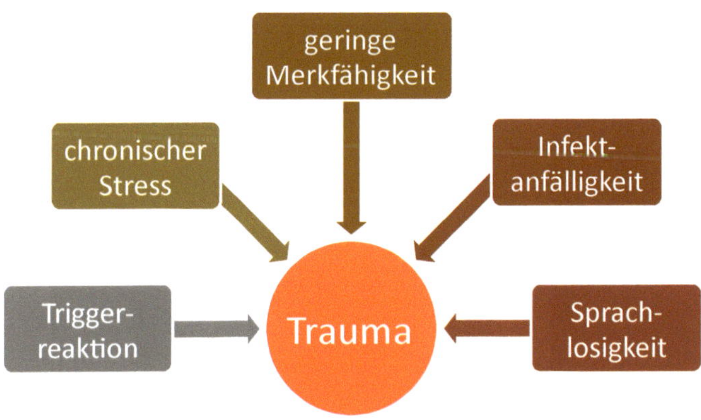

Was Kindern passieren kann

Kinder sind schutzlos und deshalb gefährdet, traumatisiert zu werden. Oft geschieht dies in Familien oder im Umfeld von Familien, aber auch in Kitas, auf Spielplätzen, in Schulen und in Schulbussen. Meist handelt es sich dabei nicht um ein katastrophales Einzelereignis, sondern es sind sich wiederholende Übergriffe, die das Kind schädigen. Wir sprechen von *„serieller Traumatisierung"*.

Emotionale Gewalt

Emotionale Gewalt kann überall dort geschehen, wo Menschen zusammentreffen. Sie hat verschiedene Facetten:

Abwerten Anschreien Beschuldigen Drohen, Erpressen	Nicht ernst nehmen Nicht verstehen Manipulieren	Ignorieren Ausgrenzen Beschämen

Auch in sozialen Medien werden Kinder und Jugendliche Opfer emotionaler Gewalt. Werden sie aufgrund ihres Äußeren, ihrer Interessen oder Besonderheiten ausgegrenzt und abgewertet, erleiden sie unerträgliche Kränkungen.

Mögliche Trigger sind Lautstärke, Kritik oder Feedback oder wenn das Kind nicht wahrgenommen oder beachtet wird.

Vernachlässigung

Ein Kind wird vernachlässigt, wenn seine Bezugspersonen es unzureichend betreuen, ernähren, pflegen, wenn es wenig oder keine Förderung erhält, wenig oder keine gesundheitliche Versorgung und keine Aufsicht oder Schutz vor Gefahren bekommt. Vernachlässigung kann dazu führen, dass den Bezugspersonen das Sorgerecht entzogen wird (s.S.109 ff.).

Die betroffenen Kinder mussten früh lernen, alleine klarzukommen. Ihre Autonomie ist ihnen deshalb heilig. Triggerreaktionen können dann auftreten, wenn sich das Kind unterordnen muss und seine Autonomie gefährdet sieht.

Verlassen werden

Kinder fühlen sich aus den unterschiedlichsten Gründen verlassen. Viele dieser Gründe kennen Sie bereits aus dem Kapitel über die Ursachen von Bindungsstörungen. Je jünger das Kind ist, umso kürzer ist die Zeitspanne, die es allein erträgt. Kinder schreien zu las-

sen, um ihre Lungen zu stärken war früher ein verbreitetes Mittel, um den Nachtschlaf der Eltern zu sichern. Unzählige Kinder erlebten dadurch eine unermessliche Verlassenheit. Aber auch eine frühe Kindheit im Brutkasten, Krankenhausaufenthalte und medizinische Eingriffe, bei denen die Bezugspersonen nicht ununterbrochen anwesend sein konnten, können zu einem Verlassenheitstrauma führen.

Mögliche Trigger können dann auftreten, wenn die Trennung von einer vertrauten Person ansteht. Solche Kinder können sehr unter dem Verlust von Freundschaften leiden, haben möglicherweise extremes Heimweh und Verlassenheitsängste.

Körperliche Gewalt

Körperliche Gewalt gegenüber Kindern ist aus gutem Grund gesetzlich verboten. Sie wirkt – ebenso wie emotionale Gewalt – entwürdigend und traumatisierend und ist ein Grund dafür, den Bezugspersonen das Sorgerecht zu entziehen.

Achten Sie darauf, wenn sich das Kind zum Turnunterricht nicht ausziehen will. Solche Kinder haben so viel Angst vor dem Täter, dass sie versuchen, die Spuren der Prügel zu verbergen.

Jungen und Mädchen reagieren oft unterschiedlich:
Jungen wenden in Situationen, in denen sie sich bedroht fühlen, häufig ebenfalls Gewalt an.
Mädchen beschwichtigen eher und gehen körperlichen Auseinandersetzungen aus dem Weg. Sie verlegen sich lieber auf psychische Gewalt.

Sexuelle Gewalt

„Unter sexueller Gewalt versteht man die Beteiligung noch nicht ausgereifter Kinder und Jugendlicher an sexuellen Aktivitäten, denen sie nicht verantwortlich zustimmen können, weil sie deren Tragweite noch nicht erfassen. Dabei benutzen bekannte oder verwandte (zumeist männliche) ältere Jugendliche und/oder Erwachsene Kinder zur eigenen sexuellen Stimulation und missbrauchen das vorhandene Macht- und Kompetenzgefälle zum Schaden des Kindes“ (27).

Jede sexuelle Handlung, deren Zeuge ein Kind wird, gilt als Missbrauch, auch wenn das Kind dabei nicht berührt wird! Durch die Verbreitung von Kinderpornographie im Internet ist die Anzahl der betroffenen Kinder leider sprunghaft angestiegen.

Woran erkennt man, dass ein Kind sexuelle Gewalt erfährt?
Es gibt keine hundertprozentig sicheren Anzeichen. Kinder sind je nach Temperament ängstlich oder aggressiv und leiden unter Alpträumen und Depressionen. Viele haben Suizidphantasien oder machen Suizidversuche, laufen von zu Hause weg und versuchen, ihre Probleme durch Drogen- und/oder Alkoholkonsum zu überdecken. Typisch sind auch frühe und häufig wechselnde Sexualkontakte. Sexualisiertes Verhalten von Kindern, die von ihrer alterstypischen Entwicklung her noch kein Interesse an Sexualität zeigen sollten, gilt als ein wichtiger Hinweis auf sexuelle Gewalt.

Wenn Sie den Verdacht haben, dass das Kind, das Sie betreuen, betroffen sein könnte, halten Sie sich bitte genau an die Anweisungen Ihres Arbeitgebers für eine Kindeswohlgefährdung. Im letzten Kapitel dieses Buches (s.S. 109 ff.) erhalten Sie hilfreiche Anregungen, die Sie bei diesem belastenden Thema unterstützen können.

Die Entwicklungsstörung

Rein statistisch betrachtet entwickeln sich Kinder stetig und nach einem bestimmten Schema. Dieses Schema ist weit gefasst: Abweichungen von der Norm werden berücksichtigt. Ein „Spätentwickler" darf sich seine Zeit nehmen. Wenn im diagnostischen Sinne von einer Entwicklungsstörung gesprochen wird, müssen folgende Faktoren vorliegen:

- *„Beginn ausnahmslos im Kleinkindalter oder in der Kindheit;*
- *eine Entwicklungseinschränkung oder -verzögerung von Funktionen, die eng mit der biologischen Reifung des Zentralnervensystems verknüpft sind;*
- *stetiger Verlauf ohne Remissionen und Rezidive" (22).*

Die Defizite der betroffenen Kinder dürfen nicht durch mangelnde Förderung erklärt werden, sondern sind von Geburt an vorhanden. Darunter fallen auch die im Besonderen beschriebenen Störungen ADHS/ADS, die Autismus-Spektrum-Störung, das Down-Syndrom und die verschiedenen geistigen und körperlichen Behinderungen.

Diese Kinder brauchen eine auf ihre Persönlichkeiten und Fähigkeiten angepasste Förderung. Weil sie genauso unterschiedlich sind wie gesunde Kinder, finden Sie hier keine Rezepte, sondern nur Anregungen. Je länger Sie das Kind betreuen, umso besser werden Sie seine besonderen Bedürfnisse erkennen. Sie werden quasi zu Spezialisten für dieses Kind.

ADHS/ADS (28)

Das Aufmerksamkeitsdefizit-Syndrom mit Hyperaktivität – ADHS – ist eine der häufigsten psychischen Störungen bei Kindern und betrifft ca. 5% der Kinder in Deutschland. Damit gibt es etwa 500.000 Patienten. Die Dunkelziffer müsste wesentlich höher sein, denn Kinder, bei denen die Hyperaktivität fehlt – ADS –, fallen viel weniger auf. Meist leiden Jungen an ADHS und Mädchen an ADS. Die Diagnose wird gestellt, wenn die Störung in mehreren Bereichen des Lebens – Familie, Kindergarten, Schule – auftritt und mindestens 6 Monate anhält. Natürlich müssen nicht alle Symptome auftreten. Menschen sind verschieden.

ADHS	Gemeinsame Auffälligkeiten	ADS
impulsiv, wild überdreht ungeduldig stört andere schnell frustriert Bewegungsdrang	Schwierigkeiten, sich zu organisieren und Strukturen einzuhalten: vergesslich, unkonzentriert, unaufmerksam, emotional	verträumt ängstlich empfindlich langsam zurückhaltend

Entgegen weitverbreiteter Meinungen entsteht ADHS/ADS nicht durch ein schlechtes Familienklima, Computerspiele oder Zucker. Die Störung ist angeboren: Die genetische Komponente wird mit 50% sehr hoch eingeschätzt. Meist findet man eine Häufung in den betroffenen Familien. Umwelteinflüsse oder fortwährende Konflikte in der Familie können ADHS/ADS jedoch ungünstig beeinflussen.

ADHS/ADS ist eine Funktionsstörung des Gehirns, die die Botenstoffe Dopamin und Noradrenalin betrifft. Diese Neurotransmitter fehlen in den Teilen des Gehirns, die für die Wahrnehmung, die Konzentration und die Impulskontrolle zuständig sind. Das bewirkt, dass ankommende Reize nicht ausreichend gefiltert werden können. Der Betroffene leidet an Reizüberflutung, wodurch sich die Symptomatik erklärt.

Symptome	Begleiterscheinungen
Aufmerksamkeits- und Konzentrationsschwäche Gesteigerte Impulsivität Ausgeprägte Unruhe	Aggressivität Schulische Leistungsdefizite Tic-Störungen Angststörungen

Kann die Symptomatik bei kleinen Kindern in den Familien noch gut kompensiert werden, verändert sich die Situation zum Teil dramatisch, wenn die Kinder in den Kindergarten oder in die Schule gehen. Sobald sie sich an Regeln halten, stillsitzen und konzentriert zuhören müssen, treten die Schwierigkeiten verstärkt auf. Das Erledigen der Hausaufgaben wie auch das Packen der Schultasche sind eine Tortur, sowohl für die Kinder wie für die Eltern.

Bei der Behandlung zeigt die Kombination von Medikamenten, Verhaltenstherapie und sozialem Training für das Kind und eine Erziehungsberatung für die Eltern die besten Ergebnisse. Es gibt auch neue Methoden wie das Neurofeedback (30), die vielversprechend erscheinen.
ADHS und ADS haben nichts mit mangelnder Intelligenz zu tun. Bei Wikipedia finden Sie eine lange Liste prominenter Menschen, die sich dazu bekennen! (29)

Praktische Tipps für den Umgang mit dem Kind

Unterscheiden Sie die beiden Formen:

Kinder mit ADHS sind extrovertiert und fallen durch ihre überschießenden Reaktionen auf. Sie laufen Gefahr, zum Klassenclown oder auch zum Sündenbock zu werden. Weil sie ihre Impulse noch nicht steuern können, fühlen sie sich oft schuldig, auch wenn sie das nicht zugeben. Kinder mit ADS sind dagegen introvertiert. Sie haben oft Schwierigkeiten, Kontakte zu knüpfen oder sich zu melden, wenn sie etwas wissen.

Motorische Unruhe

Die Kinder mit ADHS haben Mühe, ihre motorische Unruhe zu kontrollieren. Hier hilft oft Bewegung in Form kleiner *Flitzepausen*. Wenn die Möglichkeit besteht und das Kind das Angebot annehmen möchte, können auch Entspannungsübungen in einer möglichst reizarmen Umgebung helfen. Ist dies nicht möglich oder möchte das Kind den Unterricht nicht verlassen, kann ein Antistressball Linderung bieten, wenn die motorische Unruhe die Konzentration stört.

Teilweise helfen sich die Kinder selbst, indem sie zum Beispiel Tintenpatronen leerschmieren, Stifte kaufen oder Radiergummis schreddern. Erarbeiten Sie mit dem Kind zusammen gute Alternativen, die ihm helfen und gut in den schulischen Alltag zu integrieren sind.

Als Schulbegleiter*in/THA haben Sie nicht die Aufgabe, die Klasse vor Störungen durch das Kind zu bewahren. Sie tragen aber dazu bei, dass das Kind aktiv und erfolgreich am Unterricht teilnimmt.

Strukturen schaffen

ADHS/ADS-Kinder verlieren leicht den Überblick. Sie profitieren von klaren Strukturen, wie z.B. einem festen Sitzplatz und festen Ritualen. Da diese Kinder aber ein verstärktes Bedürfnis nach Selbstbestimmung haben, können Sie aktiv dazu beitragen, dass sie sich an Entscheidungen beteiligen, indem sie etwa die Reihenfolge der zu erledigenden Aufgaben bestimmen. Unterstützen Sie das Kind dabei, Strukturen zu erkennen und zu üben.

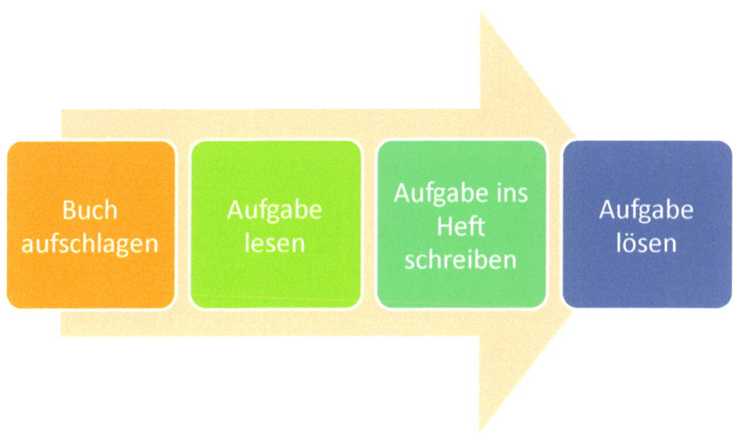

Um die Aufgabe zu bewältigen, kann sie in einzelne Schritte unterteilt werden. Um diesen Prozess zu verdeutlichen, können Sie mit dem Kind zusammen Karten beschriften, auf denen diese Schritte entweder aufgeschrieben oder als Symbol aufgemalt werden.

Zuerst legen Sie dem Kind die Karten vor. Wenn das Kind mit dem Ablauf vertraut ist, kann es selbst beim Hören der Aufgabe die Karten in der richtigen Reihenfolge auslegen. So lernt es, selbst Strukturen zu schaffen. Dieses Vorgehen kann zur Verdeutlichung verschiedenster Aufgaben angewendet werden.

Autismus-Spektrum-Störungen – ASS, Markus Behrendt

Ich wurde in den 1970er Jahren geboren. Das Asperger-Syndrom wurde bei mir jedoch erst im Erwachsenenalter diagnostiziert. Ich bin also ein Selbst-Betroffener. 2012 wurde ich in den Vorstand des Selbsthilfeverbandes Autismus Rhein-Main e.V. gewählt und leite seit 2015 die Jugendgruppe. Seit einiger Zeit halte ich Vorträge mit dem Schwerpunkt „Autismus in Kindheit, Jugend und Pubertät".

Autismus zählt zu den tiefgreifenden Entwicklungsstörungen, ist angeboren und besteht lebenslang. Nach derzeitigem Stand ist keine Heilung möglich. Die Betreffenden sowie ihre Angehörigen können nur lernen, mit den Besonderheiten zu leben und Strategien für den Alltag zu entwickeln. Autismus ist gekennzeichnet durch eine Kombination verschiedener Merkmale:

- Besonderheiten bei der sozialen Interaktion und Kommunikation
- Besonderheiten bei der sensorischen Wahrnehmung und Wahrnehmungsverarbeitung
- Eingeschränkte Interessen und Verhaltensweisen

Wenn alle drei Merkmale in einer bestimmten Intensität auftreten, spricht man vom Autismusspektrum. Früher teilte man das Spektrum in mehrere eigenständige Diagnosen ein: Asperger-Syndrom, frühkindlicher Autismus (Kanner Syndrom) und atypischer Autismus. Zusätzlich können noch weitere Besonderheiten vorliegen, etwa AD(H)S. Auch Begleiterkrankungen wie Depressionen, Angst- und/oder Zwangsstörungen sind möglich.

Die äußerlich erkennbaren Auffälligkeiten sind bei autistischen Menschen ebenso verschieden wie der individuelle Hilfebedarf. Während einige Menschen im Autismusspektrum ein äußerlich betrachtet normales Leben führen, sind andere rund um die Uhr auf intensive Unterstützung angewiesen.
Die meisten Autisten sprechen. Etwa 3 % (31) sprechen kaum oder gar nicht oder wiederholen Worte (Echolalie). Diese Form des Autismus zeigt sich schon im frühen Kindesalter und wurde früher „Kanner-Syndrom“ genannt.

Es gilt: Kennen Sie einen Autisten, dann kennen Sie genau diesen einen Autisten!

Was geschieht im Gehirn?

Der Mensch hat zahlreiche Sinne für alle möglichen Reize: Sehen, Hören, Riechen, Schmecken, Tasten, Gleichgewicht, Körperlage und -bewegung, Organtätigkeit etc. Alle Sinnesreize – einige Millionen pro Sekunde – gelangen permanent über Nervenbahnen ins Gehirn. Dort werden sie gefiltert und auf weniger als 100 Empfindungen pro Sekunde reduziert. Die Reduktion der Reize ist nötig, um das Gehirn vor Überlastung zu schützen. Aus zahllosen Rohdaten werden durch die Verarbeitung sinnvolle Informationen.
Bei autistischen Menschen können die Reizfilter anders justiert sein. Von manchen Reizen gelangt deutlich mehr ins Gehirn, von anderen weniger bis fast gar nichts. In der Summe gelangen jedoch mehr Sinnesreize ins Gehirn. Dabei sind nahe beieinanderliegende Gehirnareale stärker vernetzt als bei nichtautistischen Menschen. Dadurch und aufgrund der größeren Menge an Sinnesreizen haben autistische Menschen eine gesteigerte Detailwahrnehmung. Umgekehrt sind weiter

liegende Hirnareale bei Autisten schlechter verknüpft, so dass das große Ganze mitunter nicht oder nur schwer erkannt wird. Das Sprichwort „den Wald vor lauter Bäumen nicht sehen" trifft es sehr gut. In einigen Fällen werden sogar die Bäume vor lauter Baumrinde, Blättern und Blattstrukturen nicht erkannt.

Sachverhalte in ihrer Gesamtheit zu erfassen, fällt unter solchen Bedingungen natürlich schwer. Es ist, als sähe man durch ein Mikroskop hindurch immer nur einen kleinen Ausschnitt der Welt, diesen kleinen Teil aber umso deutlicher und detailreicher. Das gleiche beim Hören: Je nach Umgebungsgeräuschen und Situation werden gesprochene Worte mitunter gar nicht, unvollständig oder in einem anderen Kontext wahrgenommen. Daher kann es erforderlich sein, den autistischen Menschen aus der Nähe und namentlich anzusprechen, damit er weiß, dass (auch) er gemeint ist. Bei pauschalen Ansprachen an eine Gruppe fühlt er sich oftmals nicht angesprochen.

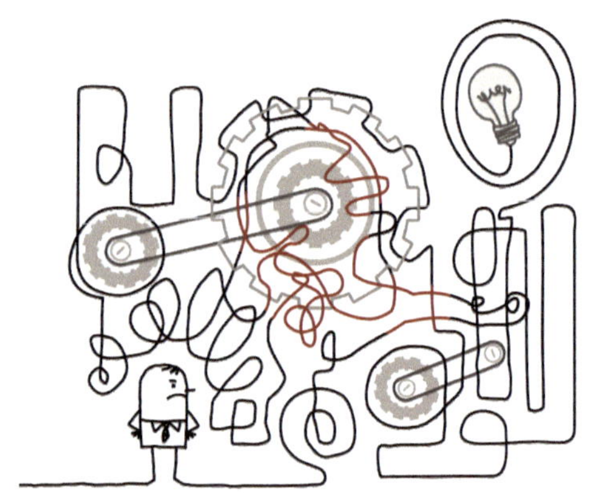

Die Welt erscheint nicht wenigen autistischen Menschen wie ein einziges großes, lautes, wuseliges Chaos. Abläufe erscheinen unter solchen Bedingungen mitunter unklar. So ist es nicht verwunderlich, wenn einige autistische Menschen Anleitung bei alltäglichen, wiederkehrenden Handlungsabläufen brauchen (z.B. Visualisierung aller Schritte beim Händewaschen).

Kontaktfreudigkeit

Menschen im Autismusspektrum können sehr unterschiedlich sein. Hinsichtlich des Kontaktverhaltens sind drei Erscheinungsformen verbreitet:

Kontaktfreudig

Geht aktiv auf andere zu, sucht überall den Kontakt, erscheint in der Aufnahme und Gestaltung des Kontakts jedoch fremd und eigenartig, zuweilen sogar distanzlos.

Passiv

Mag zwar den Kontakt mit anderen, ist aber eher vorsichtig und geht nicht aktiv auf andere zu. Braucht Unterstützung sowohl bei der Anbahnung als auch bei der Aufrechterhatung des Kontaktes.

Zurückgezogen

Hätte gerne sozialen Kontakt, empfindet diesen aber als so anstrengend, dass die logische Abwägung ergibt, dass es besser ist, keinen Kontakt zu haben.

Sozialverhalten, Interaktion und Kommunikation

Neugeborene verfügen normalerweise über eine ererbte Grundausstattung für soziales Lernen. Autistische Menschen werden ohne diese Voraussetzung geboren und müssen sich alles weitere wie eine Fremdsprache in einer fremden Kultur erschließen. Weiß das Umfeld nichts vom autistischen Hintergrund, dann findet soziales Lernen statt, während das Umfeld ein altersgemäßes Niveau an Sozialkompetenz voraussetzt. Lernen durch Bestrafung ist dann die Regel, denn wer nicht weiß, was von ihm erwartet wird, kann nur auf gut Glück herumprobieren. Dabei zeigt sich, dass Sozialverhalten gleichsam kompliziert wie komplex ist. Kompliziert heißt, dass es mit der nötigen Intelligenz und Fleißarbeit gelernt werden kann. Komplex heißt, dass es so viele unbekannte Variablen gibt, dass eine Vorhersage unmöglich ist.

Soziales Verhalten lässt sich nicht auf eine mathematische Formel reduzieren oder in ein überschaubares Regelwerk packen. Dazu haben viele

autistische Heranwachsende große Schwierigkeiten, Mimik und Gestik zu erkennen bzw. zu interpretieren. Dies hat auch mit der Aufgabenverteilung im Gehirn zu tun. Denn während nichtautistische Menschen von Geburt an spezialisierte Gehirnregionen nutzen, findet die Einordnung sozialer Signale bei autistischen Menschen in Bereichen der Objekterkennung statt. Das erschwert die Verarbeitung sozialer Signale und dementsprechend holprig können sich Sozialkontakte gestalten. Man kann sich das vorstellen wie bei farbenblinden Kindern. Sie lernen irgendwann, dass die Frage „Welche Farbe hat der Himmel?“, mit „Blau!“ zu beantworten ist. Dabei haben sie jedoch keine Vorstellung davon, was Blau eigentlich ist.

Im Straßenverkehr lernen sie: Ist bei der Ampel das obere Licht an, muss man stehenbleiben, ist das untere an, darf man die Straße überqueren. Das Licht oben heißt Rot, das unten heißt Grün. Das funktioniert, so lange die Ampel als Bezugssystem erkennbar ist, man also unterscheiden kann, ob das obere oder untere Licht leuchtet. Nachts mit etwas Abstand, wenn die Umrisse der Ampel nicht mehr erkennbar sind, versagt diese Kompensationsstrategie.

In ähnlicher Weise bauen autistische Menschen im Verlauf von Jahren und Jahrzehnten eine riesige Datenbank mit Erfahrungswerten auf. Dann funktioniert der soziale Kontakt nach folgendem Schema:

Dabei muss der Mensch ununterbrochen weiter beobachten und analysieren. Da dies ein kontinuierlicher, bewusster Denkprozess ist, braucht er sehr viel Energie und bindet zudem kognitive Ressourcen. Das Arbeitsgedächtnis ist dabei teilweise oder vollständig mit der sozialen Interaktion beschäftigt. Soll man sich während eines Gesprächs inhaltlich noch etwas merken, fällt dies häufig besonders schwer.

Einige autistische Menschen nutzen aktive Sprache, andere nicht. Manche sprechen auch nur mit bestimmten Menschen oder in bestimmten Situationen (selektiver Mutismus). Viele schauen ihr Gegenüber während eines Gesprächs nicht oder nur flüchtig an – oder tun genau das Gegenteil: sie starren. Mimik und Gestik werden nicht immer erfasst/verstanden und ebenso selten gesendet. Da die Kommunikation jedoch mehrheitlich nonverbal und unterbewusst abläuft, können Gesprächspartner von den vermeintlich widersprüchlichen Botschaften eines autistischen Gegenübers irritiert und verunsichert werden. Die Perspektive des Gegenübers einzunehmen ist oft erschwert – für beide Seiten!

Klar und sachlich sprechen, fehlertolerant sein und erklären, wie etwas verstanden werden soll. Sagen Sie nicht „Könntest du mir bitte die Limonade geben", weil man darauf mit Ja oder Nein antworten kann. Sagen Sie: „Gib mir die Limonade!"

Autistische Menschen haben nicht nur ein biologisches Alter, sondern zusätzlich noch ein um mehrere Jahre jüngeres Entwicklungsalter. Dazu kommt noch ein kognitives Alter, welches ebenfalls deutlich abweichen kann. – Wer zählt unter diesen Bedingungen zu den Gleichaltrigen?

Motorische Herausforderungen

Einige autistische Menschen haben große Probleme mit der Motorik. Hier besteht wahrscheinlich ein Zusammenhang mit der sensorischen Wahrnehmung und der Integration der im Gehirn ankommenden Daten. Wer den eigenen Körper nicht ausreichend spürt oder auch zu viel spürt, der tut sich schwer damit, die Gliedmaßen zu koordinieren. Dadurch wächst die Gefahr, sich lächerlich zu machen. Dementsprechend werden Aktivitäten, die motorisches Geschick erfordern, gegebenenfalls. gemieden. In einem als sicher empfundenen Rahmen ist motorisches Lernen, teils mit kleinschrittiger Anleitung, jedoch möglich.

Beispiel:

Ein autistischer Jugendlicher hatte Probleme beim Einschenken aus einer Colaflasche in ein Trinkglas. Ein großer Teil des Getränks ging daneben. Markus Behrendt zeigte ihm Schritt für Schritt, wie er die Anforderungen an die Körperkoordination reduzieren konnte, um sich einzuschenken ohne etwas zu verschütten (hier: sich hinsetzen, Glas auf den Tisch stellen, Flasche mit beiden Händen halten). Wichtig: Die Verschmutzung sollte man ohne großes Aufsehen in aller Ruhe und ohne zu schimpfen beseitigen. Der Betreffende hat das nicht absichtlich gemacht und sollte nicht dafür bestraft werden. Stattdessen kann er durch die Reaktion des Umfelds lernen, Ruhe zu bewahren und wie man die Folgen solcher Missgeschicke leicht beseitigt. Dadurch wird die Situation entspannt, der Betreffende fühlt sich weiterhin sicher und bleibt offen für Neues.

Sozialer Alltag
Autistische Kinder und Jugendliche machen im sozialen Kontakt regelmäßig negative Erfahrungen. Ausgrenzung, Sich-lustig-machen, Schikanieren, Drohungen, Gewalt (physisch, psychisch) und Mobbing können überall auftreten, egal ob durch Nachbarn, Mitschüler oder Lehrer. Durch den Mangel an sozialen und ggf. auch sprachlichen Fähigkeiten – sie sind um Jahre hinterher und müssen noch sehr viel lernen – haben sie nicht das Rüstzeug, um sich angemessen dagegen zu wehren. Gleichzeitig wird ihnen unterstellt, sie seien unhöflich, würden das absichtlich machen oder seien einfach nur bösartig. Unter solchen Bedingungen zu lernen und auf andere zuzugehen ist sehr schwer.

Die Anstrengung des täglichen Lebens ist also sehr hoch. Außerhalb der eigenen vier Wände läuft man permanent Gefahr, anderen zu begegnen, die dann soziale Anforderungen stellen. Das Stressniveau ist dementsprechend hoch, ebenso die Angst, etwas falsch zu machen. Aber nichts zu tun geht auch nicht, denn man kann nicht nicht reagieren. Jede Regung – auch eine unterlassene – kann im Sozialkontakt eine Bedeutung haben. Der soziale Alltag ist also eine große Leistung für autistische Menschen und kann leicht überfordern. Passiert das regelmäßig, können sich Begleiterkrankungen wie Depressionen, Angst- und/oder Zwangsstörungen entwickeln. Schon im Kindesalter kann der Gedanke aufkeimen, dass das Leben unter diesen Umständen nicht lebenswert ist.

Ferner erklärt sich daraus auch die Verschlossenheit vieler autistischer Menschen. Dem zugrunde liegt oft die bittere Erkenntnis, dass alles Reden sowieso nichts nützt, dass einen die anderen nicht verstehen, dass es auch nichts ändert und dass es nur unnötig Kraft kostet. So bleiben viele autistische Menschen verschlossen und sprechen nicht über ihre Sorgen. Dadurch sind sie besonders anfällig für Gewalt und Missbrauch.

Spezialinteressen

Viele autistische Menschen haben ein Thema oder mehrere, die sie besonders interessieren. Sie verbringen damit sehr viel Zeit und beschäftigen sich intensivst damit, fast so wie andere während eines Studiums. Dadurch entwickeln sie eine hohe Fachkompetenz auf den jeweiligen Sachgebieten. Spezialinteressen werden als entspannend erlebt, als Ausgleich für die Strapazen des Alltags. Sie sin ein sicheres Terrain, da kennen sich die Betreffenden aus, da macht ihnen niemand etwas vor. Allerdings werden die Themen von biologisch Gleichaltrigen oft nicht geteilt und gelten als eventuell sogar als uncool.

Lernen und Lernpensum

Das autistische Gehirn lernt anders als das nichtautistische. Als autistischer Mensch muss man damit zurechtkommen, dass sich im Gehirn irreführende Verschaltungen bilden können, die einem in der Folge Probleme bereiten. Wer hat schon panische Angst vor Dübeln? Die sind doch so laut!

Dem Betreffenden erscheinen fehlerhafte Erkenntnisse als sichere Tatsachen und es ist manchmal schwer, diese zu korrigieren. Zum Glück werden unzutreffende Verbindungen mit zunehmendem Lebensalter unwahrscheinlicher. Man lernt schließlich dazu und greift auf immer mehr Erfahrung zurück.

Als autistischer Mensch hat man also viel Extraarbeit zusätzlich zum angebotenen Lernpensum. So ist es nicht verwunderlich, wenn autistische Kinder und Jugendliche täglich nach der Schule eine längere Zeit zur Regeneration brauchen. Werden in einer solchen Situation weitere Anforderungen an den Betreffenden gestellt, kann es zu einem *Shutdown* (= völliger Rückzug aufgrund von Erschöpfung) oder *Meltdown* (= aggressives Abwehren jedweder weiteren Anforderung, gefolgt von völligem Rückzug) kommen.

Die Entwicklungsschritte erscheinen manchmal sehr klein und werden oft erst im Nachhinein deutlich. Und nicht selten heißt es: Ein Schritt vor, zwei zurück. Was aber nicht heißt, dass es in der Summe nicht vorwärts geht.

Was Kinder aus dem AS-Spektrum brauchen

Aus den zuvor genannten Gründen ergeben sich eine Reihe von Bedürfnissen, die andere Menschen in dieser Form oder in diesem Umfang nicht haben. Besonders wichtig sind folgende Faktoren:

Beziehung zur Schulbegleitung

- Verlässlich, sicher, zugewandt
- Das Kind wird so angenommen, wie es ist.

Beziehung zur Klasse

- Vorhersehbar: zeitlich, räumlich, inhaltlich, personell
- Regeln gelten für alle gleichermaßen.

Gestaltung des Lernpensums

- Man bekommt Zeit, sich an Neues zu gewöhnen
- Sozialkontakte und sensorische Strapazen erfordern regelmäßige Auszeiten, damit sich das Kind regenerieren kann.

Beachten Sie unbedingt die Tagesform des Kindes und strapazieren Sie vorhandene Ressourcen nicht zu sehr; sie werden noch für vieles andere gebraucht. Die Kunst besteht darin, zu erkennen, wann es sich nur um Unlust handelt und wann um Erschöpfung.
Unerwünschte Verhaltensweisen treten möglicherweise auf:

im sozialen Kontakt	in Bezug auf Regeln	bei Überforderung
wenn Unerwartetes geschieht und in unsicheren Situationen	bei Ungerechtigkeit und wenn Regeln zu wenig klar formuliert werden	Schutzstrategien wie shutdown oder meltdown

Beseitigt man die Ursache, lassen die unerwünschten Verhaltensweisen in der Regel schnell nach.

Manchmal muss man das Verhalten autistischer Heranwachsender kritisieren. Doch Vorsicht, diese Menschen reagieren aufgrund ihrer Erfahrung von Ablehnung und Zurückweisung oft sehr empfindlich. Daher gilt dasselbe, was beim Feedbackgeben sowieso gelten sollte:

- Äußern Sie die Kritik zeitnah, wenn Sie mit dem Kind allein sind und es sich wieder beruhigt hat.
- Bleiben Sie ruhig und erklären Sie sachlich, was passiert ist, warum das so nicht in Ordnung ist und wie sich das Kind stattdessen verhalten könnte.
- Wenn möglich, sollte das Feedback beiläufig erscheinen, also nicht fokussiert auf das Problem, sondern als Teil des Alltäglichen, das man zwar wahrnimmt und akzeptiert, aber nicht übermäßig betont.
- Wenn die Situation wieder auftritt, können Sie kleine Hilfestellungen für eine Verhaltensänderung geben.
- Wenn das Kind immer wieder überfordert ist – shutdown oder meltdown –, verändern Sie, wenn möglich, die Rahmenbedingungen.

Oft schadet eine autismusgerechte Regelung oder Verhaltensweise in Gruppen nicht, sondern erweist sich auch für alle anderen als nützlich und der Übersicht und Verbindlichkeit dienend.

Und noch ein Tipp für Kinder und Jugendliche mit aktiver Sprache: Autistische Menschen reden gerne über ihre Spezialinteressen. Darüber kann man mit ihnen gut ins Gespräch kommen und sehr viele interessante Dinge erfahren. Das Spezialinteresse wird nicht nur genutzt, um Gespräche zu führen, sondern kann auch der Bewältigung von Situationen dienen, die als unsicher oder angstauslösend empfunden werden. So können Sie dadurch, dass Sie das Interesse auf sein Spezialinteresse lenken, dem Kind dabei helfen, sich zu orientieren.

Mit Lob können viele autistische Menschen nur schlecht umgehen. Loben muss man mit Fingerspitzengefühl und sollte dabei sehr konkret sein. Wird man für vermeintliche Selbstverständlichkeiten gelobt, wirkt es nicht ehrlich. Eventuell muss man das Lob auch erklären, etwa wenn der Betreffende eine bestimmte Leistung als selbstverständlich betrachtet, die Außenstehenden keineswegs selbstverständlich erscheint, z.B. das Spezialinteresse.

Nicht alle autistischen Jugendlichen wollen Inklusion oder profitieren davon – zumindest nicht so, wie andere ihnen die Inklusion anbieten. Manchen autistischen Heranwachsenden genügt es schon, rein physisch dabei zu sein, quasi als Beobachter am Rande, ohne selbst eine aktive Rolle zu spielen. Das sollte man respektieren. Vereinzelt darf man natürlich Angebote machen und zum Mitmachen einladen. Sich aktiv einzubringen sollte aber kein Ziel sein, das um jeden Preis erreicht werden muss.

Down-Syndrom – Trisomie 21 (32)

Die meisten Menschen haben 46 Chromosomen, wobei es die Chromosomen immer in doppelter Ausführung gibt. Bei Menschen mit Down-Syndrom besteht das 21. Chromosom nicht aus zwei, sondern aus drei Bestandteilen. Deshalb nennt man die Behinderung auch Trisomie 21. Die Ursache kann ein höheres Lebensalter der Mutter sein. Das Risiko steigt ab dem 35. Lebensjahr der Mutter deutlich an.

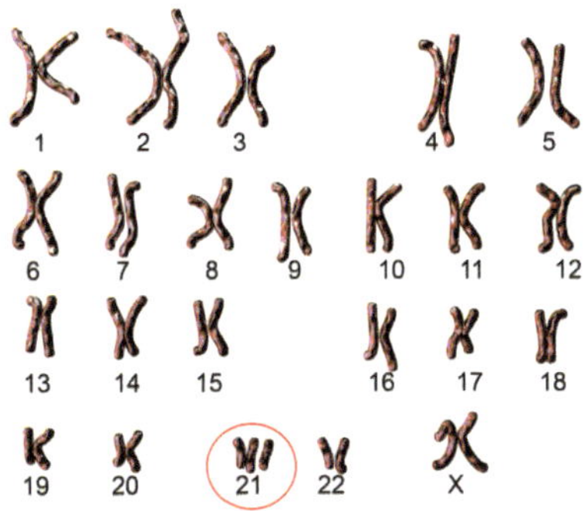

Trisomie 21 gilt als die häufigste angeborene geistige Behinderung. Die Kinder haben ein charakteristisches Aussehen, weshalb die Behinderung früher „Mongolismus" genannt wurde. Heute gilt diese Bezeichnung oder die Abkürzung „Mongo" als Abwertung.

Die Kinder bleiben meist kleiner und entwickeln sich besonders in den ersten fünf Lebensjahren deutlich langsamer als gesunde Kinder. Das heißt, dass sie später krabbeln, laufen und sprechen lernen. Die Sprache ist darüber hinaus oft nicht gut verständlich, was auch daran liegt, dass sie schlechter hören können und/oder einen schwächeren Muskeltonus und/oder Fehlbildungen im Rachenraum haben, die zuweilen auch zu Schluckbeschwerden führen. Oft haben die Kinder eine leichte geistige Behinderung. Dazu kommen oft typische körperliche Leiden, die das Herz und den Darm betreffen. Sie sind außerdem anfälliger für Infekte. ADHS, Autismus, Angststörungen sowie emotionale Probleme bis hin zu Depressionen können das Bild ergänzen.

Aus all diesen Gründen ist es wichtig, die Kinder schon früh mit Physio- und Ergotherapie zu fördern.

Trisomie-21-Kinder sind lernfähig, brauchen aber in der Regel länger, um Sachverhalte zu verstehen. Wenige sind schwer geistig beeinträchtig, die meisten durchschnittlich intelligent. Die geistige Entwicklung des Kindes hängt dabei nicht nur von seinen Genen, sondern vor allem von seiner Förderung ab. Immer wieder schaffen Kinder höhere Schulabschlüsse und es gibt sogar zwei Hochschulabsolventen: Der Spanier Pablo Pineda erwarb ein Diplom als Grundschullehrer und studierte anschließend Psychopädagogik. Die Japanierin Aya Iwamoto arbeitet seit ihrem Studium der englischen Literatur als Übersetzerin für Kinderbücher.

Je früher mit der Förderung begonnen wird, umso größer ist die Chance des Menschen, als Erwachsener ein selbstbestimmtes Leben führen zu können. Das Ziel der Förderung besteht zum einen darin, medizinische Probleme so weit wie möglich zu beheben oder zu behandeln und die Beherrschung der Feinmotorik zu erhöhen. Zum anderen geht es darum, sie dabei zu unterstützen, ihre geistigen Möglichkeiten vollständig auszuschöpfen. Das Vorgehen zeigt Erfolg, denn die Lebenserwartung der Menschen beträgt heute nicht mehr 24, sondern 60 Jahre.

Der Umgang mit Trisomie-21-Kindern

Die Kinder haben in der Regel ein gutes Sozialverhalten. Wie vielen anderen Kindern ist ihnen eine positive Beziehung zu Lehrer*innen und Begleiter*innen wichtig, denn dann fällt auch ihnen das Lernen leichter. Die Kinder lernen gerne. Sie brauchen etwa doppelt so lange wie gesunde Kinder, um Lesen, Schreiben und Rechnen zu können. Besonders gut behalten sie Inhalte, die visuell dargestellt werden. Sie können möglicherweise nicht buchstabieren, aber das Wort als „Buchstabenbild“ wiedererkennen. Alles, was sie sehen und erleben, erinnern sie leichter, als wenn sie es nur lesen und trainieren. Auch darin unterscheiden sie sich nur durch die Ausprägung von anderen Kindern. Besondere Fähigkeiten haben sie oft in musischen Bereichen wie Musik und Tanz.

Viele haben mit abstraktem Denken Schwierigkeiten, weshalb ihnen häufig das Rechnen schwerer fällt als das Lesen. Auf Druck und Überforderung reagieren sie meist sehr empfindlich und wenden sich ab. Wie die Kinder mit ADHS/ADS können sie ablenkbar und weniger konzentriert sein. Auch Schwierigkeiten beim Erinnern können auftreten.

Doch auch hier gilt wie bei allen Kindern: Das Kind selbst und nicht die Beschreibung seiner Beeinträchtigung ist wichtig. Lernen Sie das Kind und seinen besonderen Bedarf kennen. Die Umgangsregeln für die Kinder mit ADHS/ADS und ASS dürfen Sie gerne auch bei Trisomie-21-Kindern anwenden.

Matching: Die Beziehung sollte passen

Daniela Buck

Kinder mit besonderen Bedürfnissen brauchen Menschen, die sich auf diese Besonderheiten einstellen können. Um herauszufinden, welche Schulbegleiter*innen zu welchem Kind passen, hat sich folgendes Vorgehen bewährt:
Zuerst einmal unterscheidet man zwischen „harten“ und „weichen“ Kriterien.

Harte Kriterien

Unter diesem Begriff verstehen wir Zahlen, Daten und Fakten, die sich nachweisen lassen.

- Vorteilhaft sind Ausbildungen, in denen die Schulbegleiter*innen/THAs gelernt haben, Kinder zu betreuen oder eine Weiterbildung. Das Führungszeugnis darf keine Einträge aufweisen.
- Im besten Fall betreuen Männer Jungen und Frauen Mädchen.
- Das Jugendamt kann aufgrund einer besonderen Problematik die Betreuung durch eine Fachkraft vorschlagen. Schulbegleiter*innen/THAs müssen in diesem Fall eine der folgenden beruflichen Qualifikationen nachweisen: „Sozialarbeiter, Sozialpädagogen, Erzieher, Psychologen, Diplompädagogen, Heilpädagogen, Sonderschulpädagogen, Psychagogen, Jugendpsychiater, Psychotherapeuten und Pädiater“ (33).
- Die Fälle, die nach SGB XI behandelt werden, erfordern oft einen pflegerischen Hintergrund, weil die Kinder an einer chronischen Erkrankung, einer körperlichen Behinderung oder einer Mehrfachbehinderung leiden. Es dürfen zwar keine medizinischen Anwendungen – z.B. Spritzen geben – durchgeführt werden. Es ist aber hilfreich, wenn Werte abgelesen und eingeschätzt werden können und ein epileptischer Anfall fachgerecht begleitet wird.

- Bei allem Idealismus sollte außerdem ganz praktisch bedacht werden, dass der Wohnort des Kindes, bzw. die Schule, für die Begleiter gut erreichbar sein müssen. Es hilft nicht, wenn Sie ideal zum Kind passen würden, aufgrund des Berufsverkehrs aber oft im Stau stehen und deshalb nicht für Ihre Pünktlichkeit garantieren können.
- Die gewünschte Arbeitszeit sollte zu den bewilligten Stunden passen.
- Es hat sich bewährt, dass ältere Kinder besser zu jüngeren Schulbegleiter*innen/THAs passen.

Weiche Kriterien

Unter diesem Begriff werden all die Faktoren zusammengefasst, die vorrangig die Sozialkompetenz des Menschen betreffen, seine persönlichen Eigenheiten und seine Ressourcen.

1. *Die Beziehung zwischen Schulbegleiter*in/THA und Kind*

- Sie sollten in der Lage sein, die Bedürfnisse des Kindes zu erkennen. Das heißt nicht, dass Sie ihm die Arbeit abnehmen, sondern dass Sie mit dem Kind Strategien entwickeln, die es ihm ermöglichen, eigenständig und unabhängig zu agieren.

- Sie sollten die Verhaltensweisen des Kindes nachvollziehen können, auch wenn sie selbst ganz anders sind. Sie sollten verstehen, warum Struktur und Ordnung z.B gerade für Autisten oder Kinder mit ADHS besonders wichtig sind und dies umsetzen können.
- Es kann ein Vorteil sein, wenn sie selbst erfahren haben, was das Kind erlebt hat, wenn Sie Ihre Erlebnisse gut verarbeitet haben. Dann können Sie Ihre Lebenserfahrung nutzen, um das Kind zu unterstützen. So sind z.B. gehörlose Begleiter die perfekten Partner für gehörlose Kinder.

2. *Die Beziehung zwischen Schulbegleiter*in/THA und den Eltern*

- Auch wenn die Schulbegleitung perfekt zum Kind passt, aber von den Eltern nicht akzeptiert wird, ist die Wahrscheinlichkeit, dass der Beziehungsaufbau zum Kind erfolgreich verläuft, gering. Das Kind gerät unweigerlich in ein Spannungsfeld.
- Vorteilhaft ist, wenn der kulturelle Hintergrund entweder gleich ist oder Sie mit der Kultur der Familie vertraut sind. Grundsätzlich sollten Sie aber jeglichen kulturellen oder religiösen Hintergrund respektieren und achten.

3. *Die Beziehung zwischen Schulbegleiter*in/THA und der Schule*

- Hier spielen zwei Faktoren eine Rolle. Zum einen ist es wichtig, dass Sie in der Schule willkommen sind und und gut mit den Lehrkräften zusammenarbeiten.
- Zum anderen dürfen Sie sich nicht als Hilfslehrer*in instrumentalisieren lassen und müssen sich höflich gegen unberechtigte Ansprüche abgrenzen können.
- In jedem Fall sollten Konkurrenzsituationen zwischen Lehrer*innen und Schulbegleiter*innen/THAs vermieden werden.

Teil IV
Nützliches für den Umgang mit Konflikten und Aggression

Wie Aggressionen entstehen (33)

„Bring den Menschen in die unrichtige Atmosphäre und nichts wird funktionieren, wie es soll. Er wird in allen Teilen ungesund erscheinen. Bring ihn wieder in das richtige Element und alles wird sich entfalten und gesund erscheinen." Ludwig Wittgenstein (34)
Warum reagieren Menschen aggressiv? Die Ursache für Aggression ist in der Regel Frustration. Wenn die Anstrengungen, ein Ziel zu erreichen, immer wieder scheitern, steigt die Bereitschaft, die Hindernisse – wenn nötig mit Gewalt – aus dem Weg zu räumen.

Hindernisse werden dann als besonders ärgerlich erlebt, wenn das Handeln anderer Menschen die Einschränkungen zu verursachen scheint. Dann wird der Wunsch nach Beseitigung der Problematik an eine Adresse gerichtet – z.B. die Regierung. Dies ist einer der Gründe, warum Verschwörungstheorien in Krisenzeiten so stark verbreitet sind. Viele fühlen sich durch den raschen Wandel, den unsere Gesellschaft durchläuft, überfordert und abgehängt. Die Auseinandersetzung mit als fremd erlebten Traditionen und Verhaltensweisen erfordert Flexibilität und Toleranz sowohl von Alteingesessenen als auch von den Neuhinzugekommenen. Die Herausforderungen durch Covid19 seit März 2020 verschärfen die Situation.

Natürlich wirken sich diese Entwicklungen auf die Familien aus. Arbeitslosigkeit und Armut sind Faktoren, die frustrieren und Aggressionen fördern. Diese Aggressionen werden, wie wir in der Corona-Krise erfahren mussten, leider oft auch gegen die eigenen Kinder gerichtet.

Kinder haben dann zwei Möglichkeiten:

- Sie wenden selbst Gewalt an, weil sie keine andere Form der Konfliktbewältigung kennen.
- Sie haben so oft erfahren, dass sie keine Hilfe bekommen, dass sie sich nicht mehr wehren. Sie sind die perfekten Opfer für Mobbing durch Gleichaltrige. Wir nennen dieses Verhalten *„gelernte Hilflosigkeit."*

Wenn der Überlebenskampf der Familie härter wird, ist Aggression oft Mittel zur Konfliktlösung und spiegelt die Auseinandersetzung mit der „feindlichen" Außenwelt. Mit diesem Modell der Konfliktlösung werden Kinder von Opfern zu Tätern.

Kinder mit besonderem Förderungsbedarf bilden da keine Ausnahme: Auch sie reagieren auf ein Ungleichgewicht. Sie haben jedoch – je nach Diagnose – eine viel geringere *„Frustrationstoleranz"*, weil sie sich schlecht ausdrücken und die Situation nicht verändern können. Dadurch entsteht der Eindruck, dass solche Kinder „aggressiver“ sind. Ein Kind, das heftig reagiert, kann aber auch getriggert sein (s.S. 71 ff.) Es ist wichtig, eine Triggerreaktion, die durch die Erinnerung an ein Trauma ausgelöst wird, von einer destruktiven Aggression zu unterscheiden, die deshalb entsteht, weil das Kind nicht gehört wird oder keine andere Lösungsstrategie kennt.

	Kind mit Traumaerfahrung	Kind, das nur Aggression als Lösungsstrategie gelernt hat
Ursache	Erleben von körperlicher, emotionaler oder sexueller Gewalt, Vernachlässigung, Verlassenwerden	• Konstruktive Konfliktlösungen wurden nicht vermittelt • Nicht ausreichende Fähigkeiten, sich verständlich zu machen
Anlässe	Erinnerungen an das Trauma, die durch Situationen ausgelöst werden, die die Heftigkeit der Reaktion nicht rechtfertigen.	• Drohender Machtverlust • Etwas haben wollen, was ein anderer hat • Vermuteter Angriff
Reaktion der Begleiter	Aus der Situation nehmen, trösten, zuhören	• Deeskalieren • Friedliche Lösungen erarbeiten (s.S.102 ff.)
Behandlung	Traumatherapie	Soziales Training

Wie Kinder Konflikte lösen lernen – „FAUSTLOS" (Cierpka)

Konflikte entstehen, wenn Menschen unterschiedliche Auffassungen oder Ziele verfolgen und es nicht schaffen, sich zu einigen. Kinder aus belasteten Familien erfahren oft, dass sich dann der Stärkste durchsetzt. Was müssen Kinder lernen, die keine anderen Lösungsstrategien kennen? Der Arzt Manfred Cierpka (36), der das Programm FAUSTLOS entwickelte, mit dessen Hilfe Kinder ab dem Kindergarten lernen können, Konflikte gewaltfrei zu lösen, nennt folgende Schritte:

Frage Aufforderung	**Psychologischer Hintergrund**	**Empfehlung für Schulbegleiter*innen/THAs**
Wie fühlst du dich gerade?	Das Kind hat keine Empathie gelernt, weil es nicht verstanden wurde. Zuerst einmal muss es sich selbst verstehen lernen. Dann kann es auch den anderen besser wahrnehmen.	Geben Sie Beispiele: Ich würde mich an deiner Stelle ... fühlen. Als meine Tochter so etwas erlebt hat, hat sie ... reagiert.
Erzähl mir, was du gerade erlebst.	Wie versteht das Kind die Situation? Indem es seine Interpretation mitteilt, kann es lernen, dass andere Menschen dieselbe Situation anders verstehen und dass das ganz normal ist.	Erzählen Sie z.B. die Geschichte von den fünf Blinden (s.S. 104) oder erfinden Sie eine eigene Geschichte.
Was möchtest du erreichen?	Das Kind lernt /erhält die Erlaubnis, über seine Wünsche zu sprechen.	Bei diesem Schritt ist es wichtig, den Wunsch nicht zu bewerten, auch wenn er sozial unverträglich ist.

Brainstorming: Was würdest du in dieser Situation am liebsten tun?	Durch das Benennen verschiedener Handlungsmöglichkeiten wird folgendes erreicht: 1. Das Kind kann nicht spontan aggressiv reagieren. 2. Es merkt, dass viele Wege zum Ziel führen können.	Ermutigen Sie das Kind dazu, alle Ideen auszusprechen und aufzuschreiben oder aufzumalen.
Entscheide dich für eine Handlung	Das Kind gewinnt die Erkenntnis, dass es zwischen verschiedenen Möglichkeiten wählen kann.	Helfen Sie dem Kind zu reflektieren: Wie geht es dem anderen damit, wenn du das so machst? Wie wirkt sich das auf deine Beziehung zu ihm/ihr aus?
Auswertung	Das Kind lernt, mit Feedback umzugehen.	Hast du diese Reaktion erwartet? Hast du etwas übersehen?

Diese Schritte müssen oft geübt werden. Je früher Kinder mit dieser Schulung anfangen, umso leichter gelingt es ihnen, neues Verhalten zu lernen und anzuwenden.
Wenn es das Kind dauerhaft nicht schafft, konstruktiv zu reagieren, liegt die Ursache möglicherweise doch in seiner Traumatisierung oder darin, dass es nicht über Einsicht lernen kann. Dann braucht es entweder regelmäßige therapeutische Begleitung oder eine passendere Unterstützung.

Die fünf Blinden und der Elefant

(Geschichte frei nacherzählt von Christiane Sautter)

Es war einmal ein König, der von einem seltenen Tier gehört hatte, dem Elefanten. Weil er genau wissen wollte, wie dieses Tier aussähe, schickte er die fünf klügsten Männer seines Volkes nach Indien, weil er gehört hatte, dass dieses Tier dort leben sollte. Nach einer langen Reise – damals gab es noch keine Flugzeuge, ja, noch nicht einmal Autos – erreichten die fünf Männer Indien und trafen dort tatsächlich auf das Tier, das dort gar nicht mal so selten vorkam. Sie erhielten die Erlaubnis, den Elefanten genau zu untersuchen, und das taten sie!

Nun muss man eines wissen: Die fünf Männer waren blind. Weil sie nicht sehen konnten, konnten sie besonders gut tasten und fühlen. Nachdem sie sich intensiv mit dem Tier beschäftigt hatten, reisten sie zurück zu ihrem König, der schon ganz begierig auf ihre Berichte wartete.

Der Erste, der den Rüssel des Elefanten betastet hatte, sagte: „Mein König, dieses Tier ist ein beweglicher, sehr starker Schlauch, aus dem Luft und Wasser spritzt. Man könnte mit Hilfe des Elefanten den Palast reinigen. Vielleicht könnte die Prinzessin auf ihm schaukeln."

Der nächste schüttelte den Kopf und sagte: „Nein, mein König, das Tier ist eine große Säule, fest am Boden verankert. Man könnte die könig lichen Hunde an ihm festbinden.“ Wo hatte er den Elefanten betastet? Na klar, er hatte ein Bein erwischt.

„Wieso groß und fest?“, wandte der Dritte ein. „Das Tier ist wie ein feiner Pinsel mit vielen Borsten. Man könnte es gut gebrauchen, um Wände anzumalen.“ Ich weiß, dass du weißt, was dieser Mann in seinen Fingern hatte ... den Schwanz!

„Gar nicht wahr“, rief der Vierte. „Der Elefant ist ein Lappen, der hin und her wedelt und für kühle Luft sorgt. Stell ihn in im Sommer in dein Schlafgemach.“ Und, welches Körperteil meinte dieser Weise? Richtig, das Ohr!

„Keine Ahnung, was ihr da beschreibt“, sagte der Fünfte etwas verwirrt. „Der Elefant ist eine Landschaft aus Hügeln und Tälern, borstig und rissig. Vielleicht könnte der König an ihm seine Schuhe reinigen.“ Er hatte die Haut des Elefanten befühlt.

Der König schüttelte nachdenklich den Kopf.
„Der Elefant scheint in der Tat ein besonderes Tier zu sein“, stellte er fest. „Er ist gleichzeitig groß und fein, beweglich und fest, hügelig und voller Täler. Gibt es etwas an dem Elefanten, bei dem ihr euch einig seid?“

„Ja“, riefen die fünf Männer, „er spielt Trompete!“

Was ist „herausforderndes Verhalten“?

Unter diesem Begriff werden Verhaltensweisen zusammengefasst, die ein Risiko für das körperliche und seelische Wohlbefinden des Verursachers selbst und/oder seiner Mitmenschen darstellen. Die Schwierigkeiten können von den Betroffenen selbst nicht oder nicht ausreichend gesteuert werden und stören das soziale Leben sowohl in der Familie, als auch in der Schule. Darunter fallen folgende Verhaltensweisen (37):

- Handgreifliche Wutausbrüche
- Rituelles Verhalten, zwanghafte Verhaltensweisen
- Ständige motorische Unruhe, Brummen, Geräusche machen
- Zerstören von Eigentum
- Beißen, Kratzen, Schlagen, Treten, Kneifen
- Distanzloses Verhalten, Anfassen anderer

Je ausgeprägter die Behinderung ist, umso größer ist das Risiko für herausforderndes Verhalten. Warum ist das so? Kinder mit Behinderungen haben in der Regel größere Schwierigkeiten, ihr Befinden mitzuteilen. Sie reagieren unmittelbar auf zu hohe Erregung – Overflow – oder zu geringe Spannung – Langeweile (38). Das, was sie dagegen tun, führt in der Regel jedoch nicht zum Erfolg, sondern verschlechtert oft die Situation, ohne dass die Kinder etwas daran ändern können. Daraus entwickeln sich sowohl bei den Kindern als auch bei ihren Bezugspersonen Teufelskreise. Damit unterscheiden sie sich übrigens nicht von Menschen ohne Behinderung.

Ideen für den Umgang mit herausforderndem Verhalten

Beate Gruszka

Kinder lernen nicht durch Bestrafung (14). Obwohl Eltern und Erzieher damit unerwünschte Verhaltensweisen oder Einstellungen verhindern wollen, werden diese eben nicht dauerhaft beseitigt, sondern nur kurzfristig unterdrückt oder abgeschwächt. Kinder lernen einzig und allein, die Bestrafung durch geschickteres Verhalten zu vermeiden.

Eine logische Konsequenz, die dem Verhalten folgt, ist dagegen keine Bestrafung. Wenn das Kind die Wahl bekommt, kann es selbst entscheiden, muss aber dann die Konsequenz seiner Entscheidung tragen. Dadurch lernt es zum einen, dass seine Handlungen Folgen haben, zum anderen, dass es Einfluss auf diese Folgen hat.

Jedes Verhalten macht Sinn und verfolgt einen Zweck. Ziel sollte immer sein das herauszufinden. Im Folgenden habe ich einige Tipps für Sie zusammengestellt, die sich in der Praxis als hilfreich erwiesen haben:

Verhalten	Tipps zum Umgang
Störende Geräusche	1. Verbal beruhigen 2. Ablenken: die Aufgabe anbieten oder ein Beziehungsangebot machen 3. Verstärker anbieten: Wenn du das lässt, verdienst du dir ... 4. Versuchen das Kind zur Mitarbeit anzuregen, an die Interessen des Kindes anknüpfen und die Aufmerksamkeit wieder auf den Unterricht lenken.

Verhalten	Tipps zum Umgang
Aufstehen während des Unterrichts	1. Klassenraum verlassen und den Ruheraum aufsuchen 2. Rausgehen auf den Schulhof und den Bewegungsdrang befriedigen, z.B. eine Aktivierungsübung mit dem Kind durchführen 3. Alle Maßnahmen, die den Druck/ die Überforderung verringern
Beschimpfen, Beleidigen, unangebrachte Wörter	1. Fehlverhalten als Ausdruck eines Bedürfnisses sehen 2. Die Situation verlassen, rausgehen und die Situation besprechen. Was kann das Kind tun, um anders zu reagieren? 3. Ignorieren des Verhaltens, nicht darauf eingehen, die Aufmerksamkeit auf ein anderes Thema lenken 4. Anhand einer Social-Story dem Kind eine Wahlmöglichkeit und natürliche Folgen aufzeigen.
Mit Gegenständen werfen	1. Gegenstand an sich nehmen und erklären: „Schade, dass du dich nicht an die Regeln halten willst. Wenn du wieder dazu bereit bist, kannst du den Gegenstand wiederhaben“. 2. Alternativen anbieten als Schutzfunktion: Bieten Sie einen Ball an, den das Kind kneten kann. Oder binden Sie es in eine nützliche Aktion ein.

Verhalten	Tipps zum Umgang
Andere körperlich angreifen	1. Schulordnung und Regeln besprechen 2. Das Kind und seine Sicht der Situation anhören 3. Die Sicht des Kindes auf das andere Kind lenken 4. Eine Versöhnung der Streithähne fördern 5. Mit dem Kind die Situation reflektieren und Lösungen erarbeiten. Im Rollenspiel Verhaltensalternativen einüben. 6. Selbstregulierende Strategien aufzeigen und einüben (z.B. bis 10 zählen, aufstampfen, 3-mal tief ein- und ausatmen)
Auf den Boden legen und liegen bleiben	Das Verhalten ignorieren, dem Kind aber rückmelden: „Ich helfe dir, sobald du dazu bereit bist“.

Dreikurs, R. & Soltz, V. (2018) *Kinder fordern uns heraus.* Stuttgart: Klett-Cotta

Finger, W & Simon-Wundt, T. (2008). *Was auffällige Kinder uns sagen wollen – Verhaltensstörungen neu deuten.* Stuttgart: Klett-Cotta

Kindeswohlgefährdung: Wie verhalte ich mich richtig?

In Deutschland haben Kinder nach BGB §1631 Abs. 2 *„ein Recht auf gewaltfreie Erziehung. Körperliche Bestrafungen, seelische Verletzungen und andere entwürdigende Maßnahmen sind unzulässig."* Doch in manchen Familien ist diese Grundlage nicht gegeben. Deshalb wurde im Grundgesetz, Artikel 6, Absatz 3 verfügt:
„Gegen den Willen der Erziehungsberechtigten dürfen Kinder nur auf Grund eines Gesetzes von der Familie getrennt werden, wenn die Erziehungsberechtigten versagen oder wenn die Kinder aus anderen Gründen zu verwahrlosen drohen."
Eine Kindeswohlgefährdung kann aber auch von Lehrkräften oder Mitschüler*innen verursacht werden.

Das Sozialgesetzbuch verfügt in seinem achten Buch im § 8a (39), dass in einem solchen Fall das Jugendamt eingeschaltet werden muss.
In folgenden Situationen kommt § 8a zur Anwendung:

Problem	**Auswirkung**
Körperliche / sexuelle Gewalt:	• Körperliche Misshandlung, z.B. körperliche Strafen oder häusliche Gewalt • Sexueller Missbrauch
Vernachlässigung	• Verweigerung medizinisch notwendiger Behandlungen • Duldung von Alkoholkonsum und Rauchen • Unzureichende Ernährung, Pflege • Unterlassene Aufsicht, besonders in der Öffentlichkeit
Emotionale Gewalt	• Abhalten vom Besuch der Schule • Fehlende Beachtung eines besonderen Erziehungs- und Förderungsbedarfs • Extreme Gleichgültigkeit, fehlende Reaktion auf emotionale Signale des Kindes • Ausgrenzen, Mobbing

Woran kann man eine Kindeswohlgefährdung erkennen? Achten Sie auf folgende Anzeichen:

Das Äußere

- Die Unterwäsche fehlt
- Schmutzige Kleidung
- Verfärbungen der Haut, Selbstverletzungen oder Verletzungen
- Hunger, Müdigkeit, ungepflegtes Äußeres
- Einnässen, Einkoten

Verhalten des Kindes

- Schreckhaft, apathisch, zurückgezogen, ängstlich
- Sexualisiertes Verhalten
- Aggressivität, Distanzlosigkeit
- Zwänge
- Straftaten

Soziales Umfeld

- Obdachlosigkeit, verwahrloste Wohnsituation
- Mangelnde oder fehlende Aufsicht
- Zugängliche Suchtmittel
- Wechselnde oder fehlende Bezugspersonen

Es wäre absolut nachvollziebar, wenn Sie entsetzt, aufgeregt, ja sogar panisch oder wütend reagieren würden. Zum Wohle des Kindes wäre es allerdings besser, wenn Sie Ruhe bewahren. Halten Sie sich mit bewertenden, verurteilenden Äußerungen zurück und widerstehen Sie dem Impuls, selbst einzuschreiten. Hören Sie dem Kind oder Jugendlichen einfach zu. Wenn möglich, machen Sie sich schon während des Gesprächs Notizen. Sollte das Kind irritiert reagieren, schreiben Sie die Inhalte sofort danach auf. Genauigkeit ist hier wirklich wichtig.

Informieren Sie danach sofort Ihren Arbeitgeber. Dort weiß man, was zu tun ist.

Auch wenn das Kind Sie darum bittet, dürfen Sie ihm keine Vertraulichkeit zusichern. Sie können ihm aber zusichern, dass Sie dafür sorgen werden, dass es Hilfe erhält.

Nützliche Telefonnummern und Internetseiten:

- www.nummergegenkummer.de -> Nummer gegen Kummer (für Kinder, Jugendliche und Eltern) Kinder- und Jugendtelefon: 116111 oder 0800 / 111 0 333 erreichbar montags bis samstags von 14 - 20 Uhr
- www.gewaltlos.de -> Unterstützung für Mädchen und Frauen, die Opfer von Gewalt geworden sind.
- jugend.bke-beratung.de -> bundesweite, anonyme, vertrauliche und kostenlose Beratung für Eltern und Jugendliche / 24 Std. / kein Terminzwang /unverbindlich
- kinderschutz-zentren.org -> Hier finden Sie die Telefonnummern der regional zuständigen Kinderschutzzentren

Vertiefende Literatur

Teil I

1. **Die UN-Behindertenrechtskonvention - Übereinkommen über die Rechte von Menschen mit Behinderungen.** *Die amtliche, gemeinsame Übersetzung von Deutschland, Österreich, Schweiz und Liechtenstein. Herausgeber: Beauftragte der Bundesregierung für die Belange von Menschen mit Behinderungen,* Januar 2017. Zugang 9.3.2020: https://www.behindertenbeauftragte.de/SharedDocs/Publikationen/UN_Konvention_deutsch.pdf?_blob=publicationFile&v=2
2. **Sozialgesetzbuch (SGB) - Achtes Buch (VIII) - Kinder- und Jugendhilfe** *Artikel 1 des Gesetzes v. 26. Juni 1990, BGBl. I S. 1163.* https://www.gesetze-im-internet.de/sgb_8/. Zugang 9.3.2020
3. **Hessisches Ministerium für Soziales und Integration** (Hrsg.), (2014): *Bildung von Anfang an,* (6.Aufl.), Asterion Germany

Teil II

4. **Watzlawick, P. & Beavin, J. H. & Jackson, D.** (1969). M*enschliche Kommunikation.* Bern: Huber
5. **Hall, S.** (2018) I*deologie, Identität, Repräsentation: Ausgewählte Schriften 4.* Hamburg: Argument Verlag
6. **Schulz von Thun, F.** (1981). *Miteinander Reden 1 und 2.* Reinbek: Rowohlt
7. **Tezchner, S., Martinsen, H.** (2000). *Einführung in Unterstützte Kommunikation.* Heidelberg: Universitätsverlag Winter GmbH
8. **Kaiser-Mantel, H.** (2012). *Unterstützte Kommunikation in der Sprachtherapie, Bausteine für die Arbeit mit Kindern und Jugendlichen.* München: Ernst Reinhard. Zugang 11.3.2020: http://www.reinhardt-verlag.de/de/titel/51366/Unterstuetzte_Kommunikation_in_der_Sprachtherapie/#content
9. **Antons, K., Ehrensperger, H., Milesi, R.** (10.,vollständig überarbeitete Auflage 2019) *Praxis der Gruppendynamik: Übungen und Modelle.* Göttingen: Hogrefe
10. **Kinder- und Jugendring Sachsen** (2016). F*eedbackmethoden für die Jugendverbandsarbeit.* Zugang 10.3. 2020 https://www.kjrs-online.de/user_content/files/qualitaet/Feedbackmethoden.pdf
11. **Pöppel,E.** (2011) *Lebenslang lernen schützt das Gehirn.* Zugang 10.3.2020: https://www.focus.de/gesundheit/ratgeber/gehirn/demenz-und-alzheimer-lebenslang-lernen-schuetzt-das-gehirn_aid_626147.html
12. **Selg, H. & Schermer, F. J.** (2011). *Lernen.* in Schütz& Brand & Selg & Lautenbacher *Psychologie, Eine Einführung in ihre Grundlagen und Anwendungsfelder*. S. 105 - 108. Stuttgart: Kohlhammer
13. **Heineken, E. & Habermann, T.** (1994). *Lernpsychologie für den berufli*

1. *chen Alltag*. S. 48. Heidelberg: Sauer
2. **Klieme.E., Warwas, J**. (2011) *Konzepte der Individuellen Förderung. Zeitschrift für Pädagogik 57,6. S. 805 – 818.* Zugang 10.3.2020:https://www.pedocs.de/fron door.php?source_opus=8782
3. **Sprenger, K.R.** (2014). *Mythos Motivation: Wege aus einer Sackgasse.* Frankfurt a.M.: Campus Verlag
4. **Furman, B.** (2007). *Ich schaffs! Spielerisch und praktisch Lösungen mit Kindern finden – Das 15-Schritte-Programm für Eltern, Erzieher und Therapeuten.* Heidelberg: Carl-Auer
5. **Rotthaus, W.** (1998). *Wozu erziehen? Entwurf einer systemischen Erziehung.* Heidelberg: Carl-Auer
6. **Jungmann, T., Reichenbach, C.** (2016). *Bindungstheorie und pädagogisches Handeln. Ein Praxisleitfaden.* Dortmund: Borgmann Media
7. **Booth, C. L., Kelly, J. F., Spieker, S. J., & Zuckerman, T. G.** (2003). *Toddlers' attachment security to child-care providers: The Safe and Secure Scale. Early Education and Development, 14(1), 83–100.* https://doi.org/10.1207/s15566935eed1401_6

Teil III

8. **Bindungstheorie** Zugang 26.6.20 https://www.youtube.com/watch?v=xd4k_KmF6V4
9. **Dilling, H. & Mombour, W. & Schmidt, M.H. (Hrsb.)** (2015). *ICD-10, Kapitel 5, Klinisch diagnostische Leitlinien.* Göttingen: Hogrefe
10. **Baer, U.** (2019) *Was hochbelastete Kinder brauchen: Praxishandbuch für die Begleitung und Betreuung.* Stuttgart: Klett-Cotta
11. **Diagnostische Kriterien DSM-5®**: Deutsche Ausgabe herausgegeben von Peter Falkai und Hans-Ulrich Wittchen, mitherausgegeben von Manfred Döpfner, ... Winfried Rief, Henning Saß und Michael Zaudig (Deutsch) Taschenbuch – 5. Oktober 2015. Göttingen: Hogrefe
12. **Sautter, C.** (9. Auflage 2020). *Wenn die Seele verletzt ist. Trauma – Ursachen und Auswirkungen.* Ravensburg: Verlag für Systemische Konzepte
13. **Hüther, G.** (1997). *Biologie der Angst, wie aus Stress Gefühle werden.* Göttingen: Vandenhoeck & Rruprecht (12. Auflage 2014)
14. **Egle, U.T. & Hoffmann, S.O. & Joraschky, P.** (2000) *Sexueller Missbrauch, Misshandlung, Vernachlässigung. Erkennung und Therapie psychischer und psychosomatischer Folgen früher Traumatisierungen.* Stuttgart: Schattauer
15. **Neurologen und Psychiater im Netz bzw. Kinder und Jugendpsychiater im Netz, Hrsg. Berufsverbände und Fachgesellschaften für Neurologie, Psychiatrie und Psychotherapie, Psychosomatik sowie Kinder- und Jugendpsychiatrie in Deutschland, Österreich, der Schweiz und Italien.**

1. **Neurologen und Psychiater im Netz bzw. Kinder und Jugendpsychiater im Netz, Hrsg. Berufsverbände und Fachgesellschaften für Neurologie, Psychiatrie und Psychotherapie, Psychosomatik sowie Kinder- und Jugendpsychiatrie in Deutschland, Österreich, der Schweiz und Italien.** *Kapitel ADHS.* Fachliche Unterstützung: Prof. Dr. med. Dr. rer. nat. Tobias Banaschewski, Mannheim (DGKJP) Zugang 11.3.2020: https://www.neurologen-und-psychiater-im-netz.org/kinder-jugend-psychiatrie/erkrankungen/aufmerksamkeitsdefizit-hyperaktivitaetsstoerung-adhs/was-ist-adhs/
2. **Liste von prominenten ADHS-Betroffenen** Zugang 26.6.20 https://www.adxs.org/wissenswertes-zu-adhs/prominente-adhs-betroffene/
3. **Strehl, U. Hrsg.** (2020). *Neurofeedback: Theoretische Grundlagen - Praktisches Vorgehen - Wissenschaftliche Evidenz.* Stuttgart: Kohlhammer
4. **Bölte, S. Hrsg. (2009).** *Autismus: Spektrum, Ursachen, Diagnostik, Intervention, Perspektiven.* Bern: Huber
5. **Buschek & Feichter** (2018) *„Down-Syndrom“,* Zugang 1.8.2020 https://www.netdoktor.de/krankheiten/down-syndrom/
6. **Terpitz, D. Amtsgericht Frankfurt**. (2018) *Schulbegleitung nach SGB VIII, Gemeinsam leben Hessen e.V.* S. 5. Zugang 30.7.2020 https://gemeinsamleben-hessen.de/de/dokumente/GLH_Schulbegleitung_SGB_VIII.pdf

Teil IV

7. **Hergenbach, Anton** (2019). *Aggressive Kinder? Systemisch heilpädagogische Lösungen.* Dortmund: Verlag Modernes Leben
8. **Wittgenstein, Ludwig**: Zettel. Werkausgabe, Bd 8, Frankfurt/M: Suhrkamp, 1999, S. 509
9. **Cierpka, Manfred** (2011). *Faustlos, Wie Kinder Konflikte gewaltfrei lösen lernen.* Freiburg: Herder
10. **Dieckmann, F. & Haas, G.** (2007). *Beratende und therapeutische Dienste für Menschen mit geistiger Behinderung und herausforderndem Verhalten.* Stuttgart: Kohlhammer
11. **Heijkoop, Jacques** (1995). *Herausforderndes Verhalten von Menschen mit geistiger Behinderung. Neue Wege der Begleitung und Förderung.* Weinheim und Basel: Beltz Juventa, 6. Auflage 2014
12. **SGB VIII, Kinder- und Jugendhilfe, § 8a** Zugang 27.6.2020: https://www.sozialgesetzbuch-sgb.de/sgbviii/8a.html

Stichwortverzeichnis

Aufmerksamkeitsdefizit-Syndrom 79 ff.
ADHS/ADS 13,66,78,79ff., 83
Angst 32, 39, 45, 57, 63, 64, 67-69, 72, 75, 80, 83, 87, 88, 90, 92
Anzeigepflicht 111
Autismus-Spektrum-Störung 78, 83 ff.
Asperger-Syndrom 83
Autismus 7, 13, 61, 78, 83 ff. 92
Behinderung, geistig, körperlich, mehrfach 9, 12, 13, 61, 78, 92, 106
Beziehung zum Kind 21, 55ff., 64 ff., 69, 93, 94 ff. 96
Bindung, sicher, 53 ff. 64
Bindungsstörung 61 ff., 64 ff. 74
unsicher vermeidend 64, 66, 68
unsicher ambivalent 64, 65, 67, 68
desorganisiert 64, 65, 67, 69
Depression 62, 77, 83, 87, 92
Entwicklungsstörung 78, 83
Feedback 15, 16, 24, 32ff., 90, 103, 108
Gewalt 32, 62, 65, 67, 69, 71, 87, 99-101, 109
körperlich 65, 75, 101, 109
sexuell, Missbrauch 65, 76ff. 101, 109, 113
emotional 32, 65, 73, 75, 101, 109
Inklusion 12ff., 91
Pädagogik, inklusive 12, 14 ff.
Kindeswohlgefährdung, § 8a 77, 109 ff., 111 ff.
Konflikte 15, 20, 28, 29, 34,54,79, 100, 101, 102ff.
Konsequenzen, negative, logische 21, 41, 52, 107, 108, 111, 112
Mobbing 32, 33, 57, 87, 100, 109
Motivation 42, 44ff. 48
Resilienz 63
Selbstwirksamkeit 42, 44, 69
Traumatrigger, *Triggersituation Triggerreaktion* 67, 69, 71ff, 73 - 75, 101
Trisomie 21, Down Syndrom 13, 61, 78, 92ff.
Überforderung 62, 88, 90, 94, 107
Stress 56, 63 - 65, 70 - 72
Zwang 83, 87, 106

Nachweis des Bildmaterials

Autoren	*Seite*
White Hotari	12
Stefan Nachreiner	26

i-stock by Getty Images

monkeybusinessimages	14, 100
FatCamera	17, 20, 78
TheArtist	21,22,33,36
VictoriaBar	24
Misa Bip	25
Tigatelu	26, 36
LjudmylaSupynska	27
Kali 9	31
Macsnap	32
kiberstalker	36
z_wei	37
Alexei_tm	38
mzoroyan	40
UnitoneVector	41
AlexBrylov	42
creatarka	43
Solovyova	44
ovanmandic	46
sirup	47
Iromanova1983	47
karelnopp	50
Fizkes	51
ChrisGorgio	53
Michaeljung	54
Yakobchuk	55, 74
LSOphoto	57
Shironosov	58
PCH-Vector	62
Fiorigianluigi	64
SensorSpot	65
Nemchinowa	66
Bubanga	69
Sudowoodo	70
Sturti	71
Dmytro Lastovych	73
Fstop123	73
Aleutie	73
Ondrooo	75
princessdlaf	76
Chameleonseye	77
Olga_Aleksieieva	79
Moyo Studio	80
KatarzynaBialasiewicz	82, 89
Macrovector	83
Artis777	84
mmpile	85
Vmenshov	86
Takasuu	87
Wildpixel	88
Dr_Microbe	92
DenKuvaiev	93
Quisp65	95
shorrrocks	97
Erhui1979	99
MHJ	99
Abadonian	104
Julos	105
Nataliia Rudikovskaia	106
Pixel_Pig	111